L'ÉNIGME DU MESSAGE PERDU

Retrouvez d'autres

Enquêtes d'Enola Holmes

L'édition originale de ce livre est parue aux États-Unis
aux éditions Philomel Books (The Penguin Group, New York, U.S.A.)
sous le titre *The Case of the Cryptic Crinoline – An Enola Holmes Mystery.*

Loi n° 49956 du 16 juillet 1949 sur les publications destinées à la jeunesse
ISBN : 978-2-09-252552-4

LES

ENQUÊTES

D'ENOLA Holmes

Un roman de

Nancy Springer

Traduit de l'anglais par Rose-Marie Vassallo

L'ÉNIGME DU MESSAGE PERDU

Nathan

Pour ma mère
N. S.

SCUTARI, TURQUIE
1855

SUR LA COLLINE AU-DESSUS DU PORT se dresse la silhouette carrée d'un immense bâtiment de pierre. C'était, jusqu'à une date récente, une caserne de l'armée turque. Aujourd'hui, c'est tout simplement une succursale de l'enfer sur terre.

Selimiye. Caserne Selimiye. La puanteur qui monte des cadavres bouffis bercés par la mer – bétail, hommes, chevaux – paraît presque légère auprès de celle qui stagne en ce lieu. Flanc contre flanc sur le dallage sont allongés pêle-mêle des blessés, des malades, des mourants, pour la plupart de jeunes soldats britanniques, et dont beaucoup n'ont pas même une paillasse ni un semblant de couverture. Curieusement, cet enfer est assez peu sonore. À bout de forces, à bout d'espoir, les hommes déposés là meurent sans voix, presque sans bruit, par centaines, de blessures mal soignées, de gangrène, de typhus ou de choléra.

Parmi ceux qui gisent inconscients, ceux qui, sauf miracle, ne passeront pas la nuit déjà proche, un pauvre gars est veillé par sa jeune femme hébétée, échouée avec lui en ce lieu d'épouvante. La présence d'une épouse si près des champs de bataille n'a rien d'une exception. Nombreuses sont les femmes de soldat qui ont suivi leur mari et qui escortent les régiments, parfois avec un nourrisson au cou, pour une bonne et simple raison : les militaires n'ont aucun moyen d'envoyer leur paie à la maison ; de sorte que, privées de soutien, leurs épouses mourraient de faim.

La plupart meurent de faim de toute manière.

Recroquevillée près de lui, les yeux sur ce compagnon qui expire, la jeune femme reste prostrée, aussi muette et frissonnante que ceux qui gisent alentour. Elle a déjà vu trop de morts, elle sait qu'elle-même a peu de chances de survivre et n'ose songer à la petite vie neuve qui a entrepris de se développer dans son corps grêle.

Un peu plus loin vers le fond de la salle, une femme vêtue d'une capote informe nettoie les yeux d'un blessé, poissés d'une vilaine croûte jaune. C'est l'une des infirmières dernièrement arrivées d'Angleterre et qui s'escriment à faire de cet hôpital militaire de fortune autre chose qu'un mouroir. Récurer les dalles crasseuses, mettre à bouillir le linge infesté de poux, laver les corps souillés, ces tâches les accaparent autant que les soins infirmiers. Le pauvre diable aux yeux malades finira peut-être aveugle, mais s'il en réchappe, il pourra s'estimer heureux : moins de la moitié de ceux qu'on amène ici en ressortiront vivants.

« Maintenant, surtout, lui dit l'infirmière, essayez de ne pas porter vos mains à vos yeux. Même si ça vous démange de les frotter. Sans quoi vous allez les réinfecter. »

Dans l'allée centrale qui se poursuit à perte de vue au travers de l'enfilade de salles, une autre infirmière s'avance, grande silhouette au port distingué, une lanterne à la main. Son visage à l'ovale parfait est empreint de sérénité. De part et d'autres d'une raie médiane, ses cheveux font comme deux ailes brunes sous sa coiffe de dentelle. Elle progresse à pas lents, s'arrêtant souvent au pied d'une paillasse pour murmurer deux ou trois mots de sa voix chantante : « La lettre à votre mère est partie, Higgins... De rien, c'est la moindre des choses... Avez-vous réussi à manger un peu, ce soir, O'Reilly ? Très bien. Demain, je devrais avoir une couverture pour vous... »

Elle s'immobilise devant l'infirmière qui nettoie les yeux infectés. « Vous avez bien utilisé un linge bouilli ?... Parfait. Regagnez votre chambre, à présent, miss Walters. La nuit tombe. »

L'autre infirmière s'en va, la dame à la lampe reprend sa ronde vespérale. À nouveau, elle s'arrête, cette fois devant la jeune femme qui grelotte, blottie au chevet de son mari inconscient. L'arrivante jette un long regard au patient, puis elle pose sa lanterne à terre, s'agenouille sur les dalles glacées et frictionne énergiquement les pieds du gisant, bleus de froid sur la maigre paillasse.

« C'est le seul réconfort que je puisse lui donner, murmure-t-elle à la jeune femme aux yeux immenses, toujours blottie contre le mourant. Il vous faut partir, à présent, mon enfant. Vous reviendrez demain matin. »

Pour toute réponse, elle obtient un regard implorant.

« Vous voudriez rester, je le comprends fort bien, reprend-elle en réponse à la demande muette. Mais c'est le règlement : pas de femme dans les salles après la tombée de la nuit. Si nous contrevenons, l'armée nous renverra aux cuisines. Ou, bien pis, en Angleterre tout droit. » Le ton reste égal et le visage, bien qu'un peu creusé, ne laisse voir ni aigreur ni lassitude. Les traits conservent leur douceur tandis qu'elle ajoute : « Et si on nous renvoie, qui soignera les malheureux ? Plus personne, plus même de jour. Me comprenez-vous ? »

La jeune femme entend-elle ? Elle ne bouge pas. Pourtant, son regard n'exprime nul défi, rien d'autre qu'un pur exténuement.

« Venez. » Reposant délicatement au sol les pieds nus du mourant, la dame reprend sa lampe et se lève. « Je vous accompagne ; je vous éclairerai. »

La jeune femme hésite encore puis, pour finir, elle saisit la main qui se tend. La femme plus âgée aide sa cadette à se relever et, un instant, toutes les deux se tiennent côte à côte, sans bouger, au-dessus de celui dont la vie se retire.

Les lèvres de la plus jeune s'agitent en silence à deux ou trois reprises avant qu'abruptement elle articule bien haut d'une voix rauque: « C'est mon mari, vous comprenez ? »

L'information ne semblait guère nécessaire.

« Je sais, dit l'infirmière. Mais le règlement…

– C'est un homme bien, savez, poursuit avec véhémence la jeune femme qui ne semble pas entendre. Tupper, y s'appelle. Thomas Tupper. Faudrait que d'autres que moi se souviennent de lui.

– Oh ! d'autres se souviendront, bien sûr », la réconforte la dame à la lampe. Cette voix douce et paisible, tous ceux qui survivront à Scutari ne cesseront de dire, plus tard, combien elle leur aura réchauffé le cœur. « Mais à présent, venez, Mrs Thomas Tupper. »

CHAPITRE PREMIER
LONDRES
1889

« MISS MESHLE, M'ANNONÇA MRS TUPPER ce soir-là en me retirant mon assiette vide, si vous aviez une petite minute pour causer un peu… »

Ma vieille logeuse – sourde comme un pot et franche comme l'or – n'avait pas achevé sa phrase qu'elle avait mon entière attention. Non seulement, pour une fois, elle avait parlé presque doucement au lieu de crier comme sur un champ de foire, mais encore et surtout, à cause de son handicap, elle n'essayait à peu près jamais de tenir conversation. Venant d'elle, demander à « causer un peu » était donc une grande première. D'ordinaire, à la fin de nos soupers frugaux (ce soir-là, soupe à l'oignon, les oignons de printemps étant de saison, et en dessert un pain perdu à sa manière), je me contentais de la remercier d'un signe de tête et me retirais dans ma chambre où, sitôt la porte close, je m'empressais de me défaire du harnachement de capitons et colifichets qui faisait de moi une « Miss Meshle ». Après quoi, je prenais mes aises, vautrée dans mon fauteuil rembourré, les pieds sur un coussin de prie-Dieu.

« J'aurais b'soin d'un conseil, voyez », ajouta Mrs Tupper.

Et je la vis, à ma stupeur, poser la soupière de faïence sur le coin du réchaud comme elle l'eût fait d'une marmite en fonte, puis gratter le reste de pain perdu au-dessus du seau à ordures au lieu de la gamelle du chat ! Commençant à m'inquiéter pour de bon – elle n'était pas dans son état normal –, je lui fis comprendre par signes que j'étais prête à l'écouter.

« Faut qu'on s'assoye », dit-elle.

J'étais certes déjà assise, ou plutôt encore assise à la table du souper, mais je la suivis dans son « salon », c'est-à-dire à l'autre bout de l'unique pièce du rez-de-chaussée, car sa maison, bien que très propre, n'était en vérité qu'une masure – masure impeccablement tenue mais néanmoins vétuste et miteuse, et située dans l'un des quartiers les plus vétustes et miteux de tout Londres. Là, je pris place dans l'unique fauteuil, tandis que Mrs Tupper s'asseyait, le dos rond, tout au bord de son canapé en crin de cheval et posait sur moi un regard gris un peu embué.

« Je sais bien que c'est pas mes oignons, miss Meshle, mais j'ai quand même noté que vous êtes pas seulement ce que vous avez l'air », me dit-elle en préambule, comme si elle s'apprêtait à me livrer quelque lourd secret et devait justifier ce recours à une personne d'un âge aussi tendre. « N'êtes pas juste une petite secrétaire comme vous voulez l' faire accroire – pas quand on vous voit un soir vous faire passer pour une pauvresse et l' lendemain pour une dame de la haute, ou quand vous vous donnez tant de mal à sortir habillée en bonne sœur… »

Je ne tentai même pas de dissimuler ma surprise. Elle n'était pas censée en savoir si long sur moi ! Si de tels détails parvenaient aux oreilles de mes frères Mycroft et Sherlock, et si, forts de ces renseignements, ils localisaient mon gîte dans ce bas quartier de l'East End[1], je ne donnais pas cher de ma liberté.

Mais Mrs Tupper ne parut même pas noter mon atterrement.

« … pour aller dans les rues comme vous le faites à la nuit noire et essayer de soulager les pauv' gens », poursuivait-elle, son vieux visage levé vers moi, car elle était de fort petite taille et n'avait jamais dû être bien grande, même avant de se voûter au point de paraître bossue. « Et où que vous trouvez les moyens pour tout ça, y faut pas m' le demander. Mais je peux dire une chose : vous êtes

1. Quartier de la partie est de Londres, extrêmement pauvre et populeux à la fin du XIXe siècle.

quelqu'un de bien, miss Meshle – ou miss Allez-savoir-quoi, Dieu sait comment vous vous appelez en vrai…

– Enola Holmes », murmurai-je machinalement.

Par bonheur, elle n'avait pu m'entendre, et d'ailleurs elle enchaînait sans faiblir :

« Et vous êtes une force à compter avec, moi, je dis. Alors j'espère que vous allez pouvoir m'aider. »

Tant de fois c'était elle qui m'avait secourue ! Elle m'avait soignée, dorlotée dans les mauvaises passes, coup de froid, coup de cafard, coup de chien, comme la nuit où cet étrangleur m'avait agressée. Elle avait veillé sur moi en mère poule et, pour moi qui ne pouvais qu'imaginer ce qu'était une mère comme les autres, cette façon qu'elle avait de m'exhorter à reprendre du boudin quand elle me trouvait pâlotte (« C'est plein de fer, vous savez »), de me servir bouillon sur bouillon ou de m'arracher, à force de persuasion, à mes passages à vide et à mes creux de vague, assurément, c'était l'attitude d'une mère au meilleur sens du terme.

« Mrs Tupper, m'écriai-je, me penchant vers elle, vous avez des ennuis ? »

Pour toute réponse, elle plongea la main dans la poche de son tablier et en tira une enveloppe adressée à son nom, manifestement arrivée le jour même, qu'elle me tendit sans un mot. Par gestes, comme si c'était moi qui n'entendais pas, elle me signifia de l'ouvrir et de prendre connaissance du contenu.

Le peu de jour que laissait entrer la petite fenêtre du rez-de-chaussée – fenêtre dont elle était fière à juste titre, les portes et fenêtres étant soumises à une taxe – commençait à manquer de vaillance, mais la missive était rédigée en capitales d'imprimerie tracées d'une plume si véhémente et avec une encre si noire qu'il faisait bien assez clair pour la lire. L'écriture, agressive en diable, donnait à chaque trait, chaque jambage, l'apparence d'un coup de sabre. Et ce qu'elle avait à dire n'était guère plus avenant :

PIGEON VOYAGEUR, DÉLIVRE IMMÉDIATEMENT TON MESSAGE POUR CERVELLE D'OISEAU OU TU REGRETTERAS D'AVOIR PU QUITTER SCUTARI.

Scutari ? Je lus et relus ces lignes sans y comprendre goutte, hormis qu'il s'agissait d'une menace. Mais plus encore que la menace, ce tracé acéré me faisait froid dans le dos.

« Reconnaissez-vous l'écriture ? demandai-je.

– Hein ? » fit Mrs Tupper, portant à son oreille son cornet acoustique.

J'articulai bien fort dans l'instrument : « Cette écriture ! La connaissez-vous ? »

À vrai dire, je devinais la réponse. Si l'expéditeur

avait craint que sa destinataire pût identifier son écriture, il lui eût été facile de la déguiser, par exemple en collant des lettres découpées dans des journaux, comme le faisaient tous les auteurs de courriers anonymes dans les romans populaires.

Mrs Tupper ouvrit des yeux ronds.

« Pardon ? Si j'ai répondu ? Sûr que non, puisque je vous demande conseil ! »

Au diable sa surdité ! Dans des moments pareils, j'aurais donné cher pour pouvoir au moins lui griffonner un mot. Malheureusement, comme la plupart des personnes de son âge et de sa condition, elle ne lisait que très lentement et au prix d'énormes efforts.

« L'écriture ! essayai-je à nouveau.

– Jamais vue. Je m'en souviendrais, pensez ! protesta ma brave logeuse avec un geste d'impuissance. Un pareil nid d'épines ! Y a erreur, je pense. Ça doit être pour quelqu'un d'autre.

– Peut-être », dis-je. Mais j'en doutais. Une erreur sur le nom, en tout cas, semblait peu probable. Tupper n'était pas un patronyme courant, je n'en avais jamais rencontré d'autre. Mais c'était là, bien évidemment, le nom de son mari, décédé depuis longtemps ; et peut-être trouvait-on encore à Londres quelques parents à lui, plus ou moins éloignés. « Mr Tupper avait-il de la famille ?

– Hein ? » Elle remit son cornet en position.

« Mr Tupper ! criai-je dedans.

– Mort à Scutari, répondit-elle avec une sorte de frisson, malgré la tiédeur de ce soir de printemps. Il y aura tantôt trente-cinq ans. Oh ! je m'en souviens bien. C'était l'enfer, là-bas. »

Je me renfonçai dans le fauteuil râpeux, pestant tout bas contre moi-même. Scutari, mais bien sûr ! Quartier général de l'armée britannique en Turquie durant la guerre de Crimée.

« Mr Tupper était dans l'armée ?

– Hein ? »

Afin d'épargner à mon lecteur notre laborieux échange, je me permets de résumer le récit que me fit ma logeuse au cours de l'heure qui suivit – récit quelque peu confus et non sans raison, la guerre de Crimée ayant été l'un des conflits les plus embrouillés jamais engendrés par la sottise humaine : en bref, l'Angleterre et la France napoléonienne, alliées hautement improbables, unissant leurs forces à celles de la Turquie, plus improbablement encore, contre ce géant, la Russie. Des hommes voués à la mort chargeant, droit dans le feu ennemi – « Pour eux, ni comment ni pourquoi, / Pour eux, il n'est que d'obéir et mourir », comme l'a si bien résumé Tennyson[1] –, le tout au nom d'une péninsule perdue,

1. Alfred Tennyson, auteur de *La Charge de la brigade légère* (*The Charge of the Light Brigade*, 1854).

quelque part dans la mer Noire : la Crimée, peuplée, aux dires des survivants, de poux de la taille de hannetons, d'énormes puces à bonds géants et de rats assez gros pour mettre des chiens en fuite.

Mr Tupper, cependant, m'expliqua sa veuve, s'était rendu en Crimée non comme combattant, mais comme marchand ambulant, de ceux qui vendaient aux soldats les modestes commodités que les services d'intendance de l'armée, trop pingres ou trop crapuleux, faillaient à leur fournir. Croyant voir là sa chance, le jeune homme s'était embarqué dans l'aventure, emmenant en toute innocence sa nouvelle épousée. Le jeune couple avait vu les femmes d'officiers accompagner elles aussi leurs maris, mais avec force serviteurs, argenterie et linge fin, à croire qu'on partait en guerre comme en voyage d'agrément. De fait, dans ce conflit, des centaines et des centaines de femmes avaient suivi les armées, épouses de militaires ou religieuses de différents ordres, toutes fort loin de se douter que la plupart d'entre elles, à l'instar des soldats, allaient mourir là-bas.

Non point tellement dans la bataille, mais de maladie avant tout.

« La fièvre de Crimée, on appelait ça, m'apprit Mrs Tupper. Mon Thomas était là, sans connaissance, avec du sang qui lui coulait des yeux, des oreilles, du nez… Moi, pour essayer d' le sauver, j'ai payé deux va-nu-pieds d' là-bas pour qu'ils le mettent dans un char à bœufs, et comme ça je l'ai emmené à ce grand hôpital de Scutari, vous savez, sur la colline. » Elle hochait la tête au souvenir de sa propre naïveté. « J'avais dans l'idée que là-bas, peut-être, les docteurs et les infirmières pourraient me le guérir. On disait qu'ils avaient des infirmières venues d'Angleterre. »

Mais ces infirmières étaient sous les ordres des médecins militaires, lesquels voyaient en elles une double calamité : c'étaient là non seulement des femmes qui mettaient leur nez dans des affaires d'hommes, mais encore, à coup sûr, des espionnes à la solde des civils. Quoi qu'il en soit, elles allaient tout gâcher, avec leur sotte prétention de soigner de simples soldats ! L'armée faisait son possible pour leur mettre des bâtons dans les roues, à ces gêneuses. Par exemple, au nom de la décence, leur présence était interdite de nuit dans les salles de l'hôpital.

En conséquence, au matin, la première tâche des infirmières consistait à évacuer ceux qui étaient morts entre la veille au soir et l'aube.

Comme Mr Tupper.

« J'ui ai fait un peu de toilette, je l'ai cousu dans une couverture, et ils l'ont mis dans la même fosse que les trente autres qui avaient passé cette nuit-là. »

Et pendant ce temps, précisait Mrs Tupper, toutes leurs possessions – les marchandises de son mari, leur tente, leurs deux mulets et le reste –, tous leurs pauvres biens s'étaient envolés, emportés par des pillards comme il en pullule partout en temps de guerre. Privée de ressources, incapable de regagner l'Angleterre, elle s'était retrouvée avec d'autres dans ce qu'on pourrait appeler les basses-fosses de l'humanité. Sous la caserne-hôpital de Scutari courait un labyrinthe de caves et de galeries, et c'était là que la jeune Mrs Tupper avait trouvé refuge aux côtés d'autres veuves, d'orphelins, d'estropiés et d'abandonnés, bref, un assortiment de démunis – dont elle faisait désormais partie.

« Et je n'étais pas non plus trop solide, ça, non, dans l'état où qu' j'étais... »

Mais plutôt que de s'étendre sur cette information, Mrs Tupper se leva pour allumer deux chandelles. Profitant de ce qu'elle était sur ses jambes (car se relever ne lui était pas une mince affaire, vu son âge – bonté divine, elle avait forcément plus de cinquante ans, peut-être même dans les soixante !), elle ouvrit un coffret de bois que j'avais souvent remarqué sur le dessus de son buffet. Elle en tira un cliché jauni qu'elle me plaça sous le nez.

« Mr Tupper et moi, l' jour de not' mariage. »

Mais je l'avais déjà deviné et j'examinais ce portrait en pied de deux jeunes gens droits comme des I, dans l'absurde tenue en vogue au milieu du siècle – lui avec un énorme nœud sous le menton, formant deux coques retombantes, et elle empêtrée d'une monstrueuse jupe pareille à un bol à l'envers, gonflée par le truchement d'une crinoline à baleines ou à cercles d'acier.

Ma brave logeuse semblait d'humeur à laisser remonter ses souvenirs, à croire qu'elle avait oublié cette lettre de menace qui l'avait amenée à se confier à moi. Rappelant son attention à la brutale missive, je criai dans son cornet acoustique : « Et quel message seriez-vous donc censée délivrer ? De la part de qui ? À qui ?

– Si je savais ! » Elle se rassit, enserra son buste de ses bras maigres. « Plus j'y pense, moins je vois ce que ça peut être. Mais vous savez, avoir perdu mon bébé et tout ça... Y se pourrait que j'aie oublié ! »

Un étrange malaise s'empara de moi. Comment imaginer... Comment imaginer que ma bonne vieille logeuse, qui passait ses journées à mitonner de la queue de bœuf au chou et à broder des taies d'oreiller, avait naguère voyagé si loin en terre inconnue et perdu son mari, après quoi, dans « l'état » où elle se trouvait...

Elle dut lire l'interrogation sur mes traits.

« Mort-né, dit-elle sobrement. Et rien d'étonnant, pauv' petiot, vu que je ne mangeais jamais à ma faim et il faut voir comment je vivais ! Plus que des guenilles sur le dos, même pas de lit où me coucher... Vous savez, dans ces caves... Et guère moyen de dormir de toute manière, avec les rats qui vous mordaient les doigts. (Tout en parlant, elle balançait d'avant en arrière son torse voûté, les bras croisés sur ses côtes.) J' peux vous dire : c'était dur. Les gens devenaient fous. Fous. Mon bébé mort, une bonne femme l'a pris par un pied et elle est allée le j'ter à la mer. Moi, j'étais sûre que j'allais y passer aussi et pour être franche, au point où j'en étais, ça m'était bien égal.

– Mais comment vous en êtes-vous sortie ? » soufflai-je.

La question était pour moi-même, mais je n'eus pas à la répéter dans son cornet, car elle la lut sur mes lèvres, ou peut-être sur mes traits.

« C'est cette infirmière anglaise, là, vous savez, cette grande dame, qui m'a tirée de ce trou à rats... Bizarre, tenez : voilà des années que j'avais pas r'pensé à elle. Pourtant, elle était célèbre en ce temps-là. "La dame à la lampe", l'appelaient les soldats. Elle en soignait des centaines chaque jour, oh ! comme une mère. Pourquoi ou comment elle a trouvé le moyen de me sauver aussi, mystère. Et miracle. (Le regard mouillé de ma vieille logeuse était posé sur moi, mais ce n'était pas moi qu'elle voyait.) Oui, miracle. P't-êt' quelqu'un qui lui aura dit que je... (Elle hésitait, ses joues parcheminées soudain roses.) ... que je ne voulais pas... pas comme ces femmes dans les caves, si vous voyez ce que je veux dire. La plupart étaient prêtes à tout contre un peu de nourriture ou de sous, et notez bien, c'est pas que je les en blâme. Mais moi, c'était plus fort que moi, n'y avait pas moyen... et peut-être c'est ça. Quoi qu'il en soit, un jour, un d' ces gosses éclopés qu'elle avait recueillis est venu me chercher pour m'amener à elle. Elle était tout en haut, dans une tour d'angle, et moi, je me souviens, à peine si j'avais la force de monter. Y avait bien cent personnes dans cette salle, toutes à baragouiner en français ou dans je ne sais quelle langue. Et ça allait et ça venait, l'une demandait une éponge, l'autre une compresse, un bouton de chemise, du citron, de la teinture d'iode, un tricot de laine ou allez savoir quoi. Elle avait rien moins qu'un entrepôt, elle, là-haut.

– Comment s'appelait-elle ? » murmurai-je, de nouveau plutôt pour moi-même. Cette remarquable Anglaise, j'en avais entendu parler, même si mon savoir sur la guerre de Crimée, je le confesse, se réduisait à peu de chose. Mon instruction, tributaire de la bibliothèque paternelle, s'était concentrée sur Socrate et Platon plus que sur l'histoire de l'Angleterre.

« Elle a commencé par ordonner qu'on m'apporte à manger et de quoi me faire propre, s'émerveillait Mrs Tupper. Et ces habits qu'elle m'a donnés ! Plus beaux qu' ceux du jour de mes noces ! Et après ça, c'est elle qui m'a payé le bateau pour revenir ici. De sa bourse, elle l'a payé. Elle était gentille, sûr. Elle me parlait, me disait des choses – même si, en réalité, je ne comprenais pas les trois quarts de ce qu'elle disait. J'étais d'jà sourde, voyez ; mais j'en parlais à personne, je pensais que ça s'arrangerait. C'était depuis ces tirs de canon à Séva... Sévastopol, comprenez, quand Mr Tupper et moi on apportait du brandy aux troupes, pendant que les dames russes regardaient tout ça depuis les hauteurs, avec leurs parasols et leurs paniers à pique-nique, comme si c'était du music-hall. »

Sébastopol ? Bonté divine ! Elle s'était même trouvée sur un champ de bataille ? Ma vieille petite logeuse ?

Ne sachant que penser ni en quel sens poursuivre cet échange décousu, j'agitai légèrement la mystérieuse missive que j'avais toujours en main, ce billet de menace arrivé par la poste.

« Mrs Tupper, implorai-je, avez-vous la moindre idée... »

Elle fit non de la tête.

« J'en sais rien, c'est bien le problème ! Ça n'a pas de sens. J'étais moins que rien, moi, là-bas ! »

Un moins que rien bien courageux, pensai-je. Mais elle disait vrai ; une pauvre petite femme du peuple, prise au piège de la guerre. Qui diantre pouvait être son mystérieux ennemi – car cette écriture féroce était forcément celle d'un homme – et que lui voulait-il ?

Et surtout maintenant, près de trente-cinq ans plus tard ?

CHAPITRE II

Comme il sied à toute jeune femme bien éduquée, je décidai de requérir l'avis d'une personne plus âgée, plus clairvoyante et donc de sexe masculin, bref, de consulter un homme d'expérience : le Dr Leslie Ragostin, « Spécialistes en recherches – Toutes disparitions », mon employeur.

Trêve de plaisanterie. Le Dr Ragostin était une créature fictive, inventée par moi à la seule fin d'exercer cette activité : rechercher ce qui était porté manquant, simple objet ou être vivant. Le lendemain, donc, tout le jour, redevenue miss Meshle, secrétaire et assistante du grand homme, je tournai et retournai dans ma tête l'énigme posée par miss Meshle : que faire face à une lettre de menace dont on ignore tout de l'expéditeur ?

Comme de coutume, assise à mon bureau, je commençai par rédiger une série d'interrogations :

– Pourquoi « pigeon voyageur » ? Parce qu'elle regagnait l'Angleterre ?

– Traiter quelqu'un de pigeon, c'est une forme d'insulte. « Cervelle d'oiseau », « tête de linotte » ; il y a aussi le « pigeon » qu'on plume au figuré, et « se faire pigeonner ».

– Pour les Américains, sauf erreur, le « pigeon appeau » est également l'informateur. Y a-t-il un rapport ? L'auteur du message, appelons-le X, serait-il américain ?
– « Délivre ton message », mais quel message ?
– Venant de qui ?
– Destiné à qui ?
– En quoi X est-il concerné ? Et que désire-t-il ? Recevoir ce message ? L'intercepter ? Le détruire ?
– Pourquoi s'adresser à Mrs Tupper ? X était-il à Scutari avec elle ?

Tout cela ne menait nulle part. Je ne pensais pas, bien franchement, que le message pût provenir d'un Américain. L'Amérique n'avait rien eu à voir avec la guerre de Crimée. De plus, cette écriture hérissée n'évoquait nullement les écritures américaines qu'il m'avait été donné de voir. L'encre elle-même...

J'ajoutai à ma liste :

Encre de Chine, pourquoi ? X serait-il un artiste ?

Après quoi, je m'abîmai dans la contemplation de cette malheureuse liste jusqu'à ce que Joddy, mon réceptionniste, vînt frapper à la porte et me livrer les journaux du matin, ainsi qu'un gros bouquet de lilas que j'avais expressément commandé, parce que la saison s'achevait et que je voulais, une dernière fois, m'enivrer de ce parfum.

Tout le restant de la journée, je ne fis rien d'autre que de rédiger dans ma tête, puis à la main, et enfin de taper à deux doigts, sur la machine à écrire dernier cri que je venais juste d'acquérir, la petite annonce suivante, destinée à la rubrique Avis personnels des journaux :

Pigeon voyageur n'a pas de message, ni connaissance du moindre message, et ne peut donc en délivrer aucun. Requête ultérieure inutile. Veuillez ne pas réitérer. Mrs T.

T pour Tupper devrait suffire. Je ne connaissais pas le prénom de ma logeuse.

Ce soir-là, soulagée de la retrouver dans sa cuisine en train de mitonner l'un de ses innommables ragoûts et manifestement redevenue elle-même, je lui montrai le billet susdit et obtins d'elle l'autorisation de le faire paraître dans divers quotidiens.

Le jour suivant, je tapai un nombre considérable de copies de ce message, puis je fis la tournée des journaux de Fleet Street, espérant ainsi mettre fin à l'affaire.

Si seulement le ciel avait daigné m'entendre !

C'était un mercredi. Le lendemain, « Pigeon voyageur n'a pas de message » figurait dans toutes les éditions du matin. Ce jeudi soir, comme je regagnais par des voies détournées la petite maison délabrée de ma logeuse, entre les vieux immeubles de rapport de l'East End, j'avais surtout en tête des idées de souper, et l'espoir que celui-ci allait satisfaire au moins mes papilles. C'est donc humant l'air que je gravis les marches d'entrée, en quête de quelque fumet : hareng, foie de volaille, voire autre chose de plus alléchant – après tout, le pire n'est jamais sûr. Mais à la seconde même où j'ouvris la porte, toute pensée d'ordre gustatif me quitta.

Tiroirs arrachés, chaises retournées, étagères vidées, débris de vaisselle sur le plancher, voilà ce qui s'offrait à ma vue.

Mon odorat, dans le même temps, était assailli par un soupçon de fumée de cigare et une forte odeur d'huile de baleine fuyant d'une lampe renversée, doublée de celle, presque palpable, de la terreur.

Puis un son ténu parvint à mes oreilles, comme des appels étouffés. « … s'cours ! » sanglotait une voix féminine. « … vous plaît ! … aide ! »

J'en eus le cœur en révolte. Qui donc pouvait être assez lâche pour faire du mal à une chère vieille âme comme Mrs Tupper, sourde de surcroît ?

Je pris mon élan – puis m'arrêtai net. Prudence ! De quoi était capable un être aussi ignoble ? Et s'il se trouvait encore sur les lieux ?

Déjà ma main s'était portée sur la broche hideuse à mon corsage, déjà elle tirait de son fourreau, sous le busc de mon corset, ma petite dague protectrice. Et c'est cette arme à la main que j'avançai dans le logis saccagé, regardant par-dessus mon épaule à chaque pas.

Ah ! je la devinais à présent, là-bas, pieds et poings liés, bâillonnée par un torchon qui lui masquait presque tout le visage…

Mais !? Ce n'était pas Mrs Tupper !

« Y m'ont mis les mains d'ssus ! »

Ligotée à une chaise de cuisine, une gamine maigriotte d'à peine douze ou treize ans levait vers moi son visage rougeaud, trempé de larmes sous la toile rêche qui l'asphyxiait à demi. Au début, je ne la reconnus pas, trop occupée que j'étais à trancher la corde qui lui enserrait chevilles et poignets. Mais lorsqu'elle-même arracha son bâillon, je reconnus Florrie, la petite bonne à tout faire qui travaillait pour Mrs Tupper quelques heures par jour. À ma décharge, je l'avais croisée deux ou trois fois tout au plus, sa journée s'achevant d'ordinaire avant mon retour.

Où donc était Mrs Tupper ?

« Y m'ont touchée, y m'ont s'couée ! »

Manifestement, je n'obtiendrais rien d'autre de Florrie que ces torrents de désespoir outragé, et pourtant je tremblais à la pensée que ma pauvre logeuse gisait probablement quelque part non loin, inanimée, sans vie peut-être. Ne voyant nulle trace d'elle au rez-de-chaussée, je laissai la petite bonne à ses sanglots convulsifs et me précipitai à l'étage, ma dague à la main.

La chambre de Mrs Tupper offrait le même spectacle que la pièce du bas, en plus apocalyptique encore : lit démantelé, entrailles de l'armoire et de la commode déversées en vrac sur le plancher. Le tapis disparaissait sous un amoncellement de couvertures et de draps entortillés, mêlés à des souliers, des blouses, des châles, de la lingerie intime, oh ! indécence. Si épaisse était cette jonchée qu'un instant l'idée m'effleura que, peut-être, Mrs Tupper gisait par-dessous. Lâchant ma dague, je me mis en devoir de creuser, blaireau frénétique, à travers ce fatras de linge, de revues illustrées, de robes et de tabliers, de baumes contre les rhumatismes – sans rien trouver, sauf la vieille coiffe noire que ma logeuse portait le dimanche.

Alors, prenant entre les mains ce vénérable objet, récemment rafraîchi de rubans neufs pour Pâques, je me laissai aller à un petit sanglot muet, puis je me sentis plus calme, plus apte à réfléchir.

Je commençai par ranger ma dague dans son fourreau, me tenant le raisonnement que les assaillants n'étaient plus dans la place, sans quoi ils m'auraient déjà attaquée. Et ils n'étaient certes pas en bas, car j'entendais Florrie poursuivre, imperturbable, son lamento éploré.

Mrs Tupper n'étant pas dans sa chambre, je traversai le palier et passai dans la mienne. Curieusement, elle semblait intacte. Je jetai un coup d'œil dans mon armoire-penderie, puis sous mon lit. Rien. Et surtout pas, comme je m'avouai l'avoir inconsciemment redouté, Mrs Tupper en petit tas inerte.

Je redescendis quatre à quatre. Florrie n'avait rien fait d'autre que de se remettre sur pied, mais ses borborygmes se changeaient enfin en paroles intelligibles. « … flanqué… coup… derrière ! » Je ne saisissais guère qu'un mot sur trois ou quatre. « … rivés comme ça… frappé… nnête fille… maison…

– Où est Mrs Tupper ? la coupai-je.

– … faces de rat… des brutes… »

Je la pris par les épaules et réfrénai une forte envie de la secouer, moi aussi. « Flo-rrie. Où est Mrs Tupper ?

– … a' faisait le pudding… avec ses manches r'montées… pleines de farine… et rien d'aut' sur la tête que son bonnet de maison… »

Je n'y tins plus. Je secouai un bon coup cette

gamine obtuse, lui cornant aux oreilles: « Où est Mrs Tupper ? »

Se libérant d'une secousse, elle riposta sur le même ton, comme si c'était moi la demeurée: « Mais j'arrête pas d' vous le dire: y l'ont emmenée ! »

Il me fallut une heure de patience surhumaine pour arracher à Florrie un récit des faits. Le calme et la douceur n'ayant produit aucun effet, je finis par la menacer d'aller chercher un constable. (Ce qui m'était bien sûr interdit, ayant moi-même Scotland Yard à mes trousses, sans parler de mes redoutables aînés; mais la gamine ne pouvait pas le savoir.) En digne enfant de l'East End, Florrie avait une sainte terreur de la police, si bien qu'elle accepta de s'asseoir à la table de la cuisine comme je l'enjoignais de le faire et s'efforça enfin de tenir des propos cohérents.

« Y z'étaient habillés comme des messieurs, ça, oui, sinon je les aurais pas laissé entrer.

– Combien étaient-ils ? » J'avais mis une bouilloire à chauffer et cherchais une tasse pas trop ébréchée afin de lui servir un thé.

« Deux. Costauds. Barbus.

– À quoi ressemblaient-ils ?

– Z'avaient des barbes d'anarchisses. »

Et très probablement fausses. Je repris le plus

patiemment possible : « À part la barbe. Leur couleur de cheveux, par exemple. »

Elle ne s'en souvenait plus.

« Ils étaient grands ? »

Elle ne savait plus trop. Ils lui avaient paru énormes.

« Et leur âge, à peu près. Étaient-ils vieux ? jeunes ? »

L'un semblait plus jeune que l'autre, mais peut-être pas de beaucoup... Et tout le reste à l'avenant. Les réponses de la malheureuse ne brillaient pas par leur clarté, tant elle avait été choquée.

Et il faut reconnaître qu'il y avait de quoi. Si je comprenais bien, deux inconnus – portant la barbe – étaient venus frapper à la porte. Ils avaient poliment demandé à parler à Mrs Tupper, puis, sitôt dans la place, ils avaient radicalement changé de ton et ordonné qu'on leur remette le message destiné à « l'oiseau ».

« Quoi ?

– C'est ce qu'y z'arrêtaient pas de dire. Y voulaient qu'elle leur donne ce qu'elle avait pour l'oiseau.

– Un monsieur Loiseau, peut-être ?

– Ni m'sieur ni m'ame, l'oiseau tout court, qu'y disaient. Y lui criaient dans son cornet : "Vous étiez espionne pour l'oiseau ! Dites pas le contraire, on le sait très bien !" »

« Pigeon voyageur », avait débuté la mystérieuse

missive adressée à Mrs Tupper, avant de lui intimer l'ordre de délivrer son message pour « cervelle d'oiseau ». Était-elle donc un oiseau destiné à communiquer avec un oiseau ?

Si bizarre que cela pût paraître, un schéma semblait se dessiner. Sans quoi peut-être aurais-je cessé d'écouter la malheureuse qui continuait de brailler : « Y lui disaient comme ça : "Ce que t'avais pour l'oiseau, hein ? Donne-le, maint'nant !" Et quand elle leur a dit qu'elle avait rien, y l'ont calottée ! »

Les brutes ! Lever la main sur une vieille femme toute frêle.

« Et moi avec, y m'ont calottée, quand j'ai voulu les empêcher... »

Elle avait tenté d'intervenir ? Mon regard sur cette petite changea du tout au tout.

« ... et c'est pour ça qu'y m'ont attachée. Et après, y z'ont commencé à chercher partout...

– Mais à chercher *quoi* ?

– J'en sais rien, moi, miss Meshle. Et Mrs Tupper non plus savait pas. Alors elle s'est mise à pleurer, tellement qu'elle y comprenait rien.

– Les brutes, grondai-je, déposant une tasse de thé devant Florrie.

– Oui, miss Meshle. Merci, miss Meshle.

– Je ne peux pas vous offrir de sucre, malheureusement. Il est par terre. » Je commençai d'arpenter la pièce, incapable de m'asseoir. « Mais que cherchaient-ils donc, ces butors ? »

Florrie prit une longue gorgée de thé, qu'elle n'avait certes pas volée, et finit par répondre sur un ton d'impuissance : « Qu'est-ce que j'en sais, moi, miss Meshle ? »

Au diable cette gamine ! Pour un peu je lui aurais arraché sa tasse de thé. Certes, elle avait été ligotée et placée dos à la porte, de sorte qu'elle n'avait rien pu *voir*, mais n'aurait-elle pu se débrouiller au moins pour *entendre* quelque chose ?

Le plus civilement possible, je l'interrogeai sur ce point précis. Elle me rapporta avoir entendu l'un des attaquants déclarer qu'ils allaient « l'embarquer, cette vieille chauve-souris », et qu'il n'aurait « qu'à la faire parler, *lui* ».

Qui diantre était *lui* ?

À l'évidence, les deux voyous n'avaient pas trouvé le message destiné à l'oiseau.

Qui diantre étaient-ils, *eux* ?

Pouvais-je tirer encore quelques informations de Florrie ?

M'obligeant à m'asseoir, de manière à ne plus toiser de toute ma hauteur l'infortunée gamine, je repris patiemment mon interrogatoire de zéro, mais sans résultat probant, hormis cette bribe d'information : l'un des malfrats, le plus âgé, avait des dents de devant qui manquaient. (Détail dont je déduisis qu'il n'appartenait sans doute pas aux plus hautes classes de la société.) Et lorsque Florrie – quel prénom ! Dire qu'on ne cessait de croiser des Florrie partout –, lorsque, dis-je, cette pauvre enfant fondit de nouveau en larmes, je compris qu'il était temps de renoncer.

« Bien, Florrie, lui dis-je, lui donnant un shilling. À présent, rentrez vite chez vous, racontez toute l'histoire à votre mère et dites-lui d'en parler aux voisins. » Quand bien même je l'aurais voulu, de toute manière, je n'aurais jamais pu faire taire la mère de Florrie, une Irlandaise à la langue si alerte qu'elle tenait lieu de crieur public à tout le quartier. « Et merci de faire savoir aussi, ajoutai-je en agitant un billet d'une livre afin d'indiquer qu'il y aurait récompense, que quiconque aurait vu ces hommes emmener Mrs Tupper ou saurait quelque chose là-dessus est prié de venir ici et de m'en informer sans délai. »

Reniflant énergiquement pour ravaler le restant de ses larmes, Florrie acquiesça d'un hochement de tête et s'éclipsa.

CHAPITRE III

Sitôt Florrie partie, je sortis à mon tour, toujours dans ma robe de popeline rayée, avec mon petit chapeau nigaud par-dessus mes fausses bouclettes, car miss Meshle était une figure familière dans cette rue, de sorte que les habitants du quartier n'hésiteraient pas à lui parler. J'espérais vivement que, parmi eux, il se trouverait des témoins de l'enlèvement de Mrs Tupper.

Oh ! il s'en trouvait, pour sûr, et plus d'un, car dans cette rue étroite aux pavés inégaux le passage d'une voiture à cheval était un événement, or c'est en cet équipage qu'étaient arrivés les visiteurs de Mrs Tupper. Nombreux étaient ceux qui avaient leur mot à en dire.

Le mendiant « aveugle » du carrefour avait vu les inconnus arriver dans un coupé de ville noir et luisant, conduit par un cocher bedonnant au teint fleuri. Le cheval ? Une jument baie.

Le marchand de couleurs avait vu un phaéton à la capote relevée, orné d'armoiries sur la portière, avec un cocher assez quelconque, plutôt maigre, et un cheval noir « à enterrer les morts ».

Sa femme lui concédait que la portière du véhicule s'ornait de quelque « bestiau » peint en blanc, un cerf peut-être, ou bien une licorne, mais elle soutenait qu'il s'agissait d'une calèche, non d'un phaéton, et tirée par un cheval brun. Le cocher ? Petit et râblé, avec un menton en galoche.

Le marchand de fruits et légumes avait vu un coupé de ville noir, avec des roues jaune vif mais pas d'armoiries, tiré par un alezan et conduit par un grand diable dont les traits bouffis et le nez rouge trahissaient qu'il buvait beaucoup, un Irlandais à coup sûr.

Le vendeur de puddings, derrière sa charrette à bras, assurait qu'un fiacre gris, plutôt miteux, avait stationné devant chez Mrs Tupper. Le cheval, lourd et sombre, lui avait paru « bon pour la charrue », et le cocher avait les sourcils soudés, « épais comme du chaume, on aurait juré un rebord de toit par-dessus son nez ».

La belle de nuit de notre rue, belle de jour quand l'occasion s'en présentait, avait pour sa part abordé le cocher durant le temps d'attente devant chez Mrs Tupper, mais s'était attiré une réponse fort peu correcte. À quoi il ressemblait ? À n'importe quel autre homme, deux yeux, un nez, une bouche. La voiture ? Noire à roues d'un rouge criard, pas d'armoiries, un cheval rouan.

Aux dires des galopins du quartier, le cheval était tantôt noir, tantôt brun, tantôt rouge, et le véhicule un fiacre à quatre roues, une voiture de maître, un cabriolet, un coupé, le cocher grand, petit, gras, maigre, jeune, vieux. Tous s'accordaient à l'avoir trouvé détestable : loin de leur jeter des piécettes, il les avait menacés de son fouet.

Mais pour ce qui était de décrire les *passagers* du fiacre-coupé-phaéton mâtiné de calèche et de cabriolet, autrement dit les ravisseurs de Mrs Tupper, nul ne semblait en mesure de le faire. Pas un seul de mes témoins ne les avait vus descendre de voiture ni entrer dans la maison, et pas un seul non plus, pas un, ne les avait vus en ressortir avec ou sans Mrs Tupper, de même qu'aucun ne savait me dire dans quelle direction le véhicule était reparti. Toute la curiosité des voisins semblait s'être concentrée sur l'arrivée de la voiture, et dissoute ensuite. À vrai dire, à ce stade, même si l'un d'eux m'avait décrit à quoi ressemblaient les visiteurs, je n'en aurais pas cru un mot.

Exaspérée à en crier presque et au bord du désespoir, je regagnai mon gîte promptement, de peur que quelque nouvelle n'arrive en mon absence, soit de la part de Florrie, soit de celle de sa mère, ou même un signe quelconque des ravisseurs, demande de rançon ou autre manifestation.

L'heure du souper était passée depuis longtemps, mais l'idée de manger ne me venait même pas, pas plus que celle de m'asseoir pour me reposer un peu. Au contraire, je me mis à déambuler à travers la pièce du bas, envoyant de côté d'un pied rageur les débris de vaisselle en travers de mon chemin tout en m'efforçant de réfléchir. Deux ostrogoths exigeant la remise d'un message ? « Vous étiez espionne pour l'oiseau ! » Mrs Tupper, espionne ? Grotesque.

Mais nom d'un chien, que pouvait bien signifier cet « oiseau » ?

Et puis quel message, bon sang de bois ? Je n'y voyais pas plus clair dans ma tête qu'à mes pieds, mon bout de chandelle à la main, la nuit étant tombée depuis belle lurette.

Dans quel engrenage infernal cette pauvre Mrs Tupper avait-elle pu se laisser prendre ? Car je ne l'imaginais pas un instant retenant délibérément je ne savais quelle information – quel objet ? – hautement désirable aux yeux de deux ou trois malfrats. Ma brave logeuse, malgré son équipée de jeunesse en Crimée, ne semblait guère du genre à jouer les héroïnes de feuilleton. Si elle avait eu la moindre idée de ce que voulaient ses tortionnaires, elle le leur aurait donné aussitôt.

Et cependant, à l'évidence, l'objet de leur convoitise n'avait pas été trouvé : sinon pourquoi l'avoir emmenée, elle ? Sans doute croyaient-ils qu'elle le leur cachait et que leur patron – ou maître, ou commanditaire, bref, celui que j'appelais X, ou peut-être le mystérieux « Oiseau » – allait savoir la faire parler...

L'objet de leur convoitise. Mais quel était-il donc ?

Les deux visiteurs avaient mis sens dessus dessous tout le logement, comme à la recherche d'un objet bien concret.

Lequel, à l'évidence, leur avait échappé.

Et dont Mrs Tupper, non moins à l'évidence, ignorait où il se trouvait.

Tout bien pesé... et si la chose était encore là ?

Dans mon âge tendre (c'est-à-dire l'année précédente, en cette ère brutalement achevée le jour où ma mère s'était éclipsée sans crier gare – qu'elles semblaient loin, ces vertes années aux odeurs de sève !), dans mon âge tendre, donc, quand j'avais treize-ans-pas-loin-de-dix au lieu de quatorze-ans-pas-loin-de-trente, j'allais souvent patrouiller dans les bois de notre domaine et jouer à chercher – chercher des choses, n'importe quoi, pour le pur plaisir de fureter, pour l'excitation de découvrir. Je grimpais aux arbres, je collais un œil aux fissures des rochers, je m'imaginais en quête de quelque trésor perdu. Le butin accumulé au fil des ans avait compté d'innombrables plumes de geai, des coquilles d'escargot jaune rayé de noir, une boucle d'oreille ornée d'une pierre rouge, des œufs de pluvier, des piécettes verdies par le temps, des cailloux fascinants dont je me persuadais qu'ils contenaient des minéraux rares... Et à vrai dire, aujourd'hui encore, j'ai tendance à rechercher un peu partout ce qui pourrait se révéler précieux. D'une certaine façon, chercher est ma vocation.

Ce soir-là, donc, lorsque j'entrepris d'explorer le logis dévasté de Mrs Tupper, ce ne fut pas seulement avec l'énergie du désespoir, mais aussi avec la fougue d'une fureteuse-née et le regard exercé par des années de pratique à repérer en tout lieu ce qu'il pourrait y avoir à repérer, si ténu, si infime que fût ce détail.

Les mystérieux intrus avaient jeté à terre, en vrac, les pauvres possessions de Mrs Tupper. Je résolus de procéder à l'inverse: j'allais remettre en place ces mêmes objets. Pour y voir clair, contrevenant à l'habituelle parcimonie du lieu, j'allumai chaque bout de chandelle, chaque lanterne, chaque lampe à huile que je pus trouver, après quoi, je me mis en devoir d'inventorier le bric-à-brac, pouce carré après pouce carré, m'efforçant de tout ranger, du moins du mieux que je le pouvais – ou, dans le cas de la vaisselle brisée, balayant les éclats dans la pelle à poussière et les déversant dans le seau à ordures.

Non moins réduits en miettes étaient les deux épagneuls de faïence qui avaient monté la garde de chaque côté de la cheminée. J'inspectai avec soin l'intérieur des tessons, mais n'y vis rien qui pût indiquer que quelque chose avait été caché dans la partie creuse.

Le contenu du coffret de bois gravé dans lequel Mrs Tupper avait rangé ses plus précieux souvenirs gisait épars sur le plancher. J'examinai chaque document à mesure que je ramassais : un certificat de baptême au nom de ma logeuse, si fragilisé par l'âge que le papier s'était cassé aux pliures ; de vieux clichés sépia sur lesquels figuraient sans doute des membres de sa famille ; un portrait de groupe montrant des petites filles alignées, bien raides, sous la houlette, précisait la légende au dos, des sœurs de la Charité d'Hoisington – Mrs Tupper s'en était bien sortie, pour une élève de l'école des pauvres ; la photo de mariage que j'avais déjà vue ; un certificat de mariage jauni ; divers actes notariés... Tout ce que j'en retirai fut le prénom de Mrs Tupper, Dinah, rien de plus.

Il se faisait tard, mais dormir semblait impensable. Je poursuivis donc. Après avoir passé au crible la cuisine et le coin salon sans rien découvrir de satisfaisant, j'arrachai un gros bout de la miche de pain ramassée sous une chaise et m'obligeai à le manger, afin de conserver mes forces. Après quoi, achevant de mâchouiller la croûte, je gravis l'escalier pour m'attaquer à la chambre de Mrs Tupper.

Mais d'abord, en hâte, je fis un détour par ma chambre, pressée de me défaire de cet attirail qui commençait à m'exaspérer, corset, rehausseur de buste, régulateur de hanches et autres accessoires indispensables à miss Meshle. Non sans soulagement, je me dépouillai de ma blondeur et de mes fausses rondeurs pour retrouver ma vraie personne, d'un morne châtain et un peu planche à pain. Cela fait, je me remis à la tâche, en bas de laine et chemise de nuit, mes cheveux plats sur mes épaules encadrant mon visage trop long.

Les tiroirs de la commode avaient été arrachés et vidés jusqu'au dernier. Chandelle en main, j'examinai cet humble meuble, à la recherche de quelque double fond où l'on pût camoufler quelque chose. J'allai jusqu'à le décoller du mur pour en vérifier l'arrière, puis j'en inspectai chaque tiroir, dessus, dessous, sur les côtés, avant de le remettre en place. Rien.

Avec un soupir, je passai aux vêtements éparpillés au sol et sur le lit. Comme je repliais les pauvres culottes de Mrs Tupper, longues et bouffantes et démodées, pour les ranger dans sa commode, je sentis les larmes me monter aux yeux. Imaginez qu'un inconnu, un rustre, vienne mettre ses grosses mains calleuses sur vos dessous. L'horreur.

Et ce sentiment d'outrage ne faiblit pas, bien au contraire, lorsque j'examinai l'armoire vide, puis commençai de remettre sur leurs cintres les vêtements jetés à terre. Mrs Tupper était une brave femme, très à cheval sur la décence, me disais-je tout en m'efforçant de défroisser ses blouses de mousseline et ses jupes de laine, certaines méticuleusement rapiécées – celles qu'elle portait en semaine. Assurément, c'est en blouse et en jupe, avec un tablier de ménagère par-dessus et sa charlotte à volants sur la tête, qu'elle avait été enlevée. Quelle devait être sa détresse ! Quoi ? Se laisser voir dans la rue sans avoir d'abord troqué son tablier de cuisine contre un autre, tout blanc, amidonné, puis sa charlotte plissée contre une capote de crêpe !

Les jupes étaient pour les jours ordinaires ; dans les grandes occasions, la robe s'imposait. Pour Mrs Tupper, il en allait des robes comme du reste. Trois mots résumaient sa devise : économie, modération, constance. Des robes, m'avait-elle expliqué à Pâques, un jour de quasi-volubilité, elle n'en possédait jamais que quatre à la fois. Chaque printemps, elle mûrissait longuement l'achat d'une robe neuve, convenable et appropriée à une femme de son âge et de son rang, quoique raisonnablement à la mode.

Et chaque hiver, elle « rafraîchissait » l'une de ses robes les plus anciennes : elle la décousait en entier, retournait le tissu pour exposer la face la moins usée, puis elle recousait le tout en changeant un peu la coupe, la passementerie, les boutons, afin de l'adapter au goût du jour. Ce qui ne pouvait être conservé était jeté. Et elle ne gardait rien de démodé. Par exemple, elle s'était débarrassée de sa tournure, m'avait-elle confié, l'année même où cette ridicule protubérance au bas des reins avait disparu des rues de Londres.

C'est pourquoi je fus un peu surprise de découvrir, parmi les vêtements que je ramassai sur le plancher, une robe à crinoline datant d'un autre temps – celui où une élégante avait peine à franchir une porte tant sa jupe portait large. Et c'était, par ma foi, une robe de fort belle confection, toute volantée sur les épaules et dotée d'une jupe monumentale, faite d'un impressionnant métrage de soie bleu de Prusse et s'épanouissant en immense corolle, ainsi que l'avait voulu la mode trois ou quatre décennies plus tôt.

Était-ce pour sa belle soie que Mrs Tupper, toujours économe, avait conservé cette relique ?

Mais pourquoi ne pas avoir récupéré l'étoffe depuis longtemps ?

Ou bien était-ce un souvenir cher à son cœur ?

Sa robe de mariée, peut-être ?

Non. Sa photo de mariage, je l'avais vue : elle y portait une robe tout autre.

Mais en ce cas, pourquoi diantre, elle d'ordinaire si regardante et manquant d'espace de rangement, avait-elle pieusement conservé un effet aussi volumineux ?

Par-dessus le marché – et à cette vue ma surprise redoubla –, elle avait également conservé la crinoline destinée à accroître encore son volume !

CHAPITRE IV

ALORS LE JOUR SE FIT. Non pas dans mon esprit – que le lecteur me pardonne cette plaisanterie facile –, mais dans la réalité. En effet, le jour commençait de poindre, car j'étais restée debout toute la nuit. Et cette longue veille n'avait rien fait pour améliorer mon intellect. Hébétée de fatigue, j'ouvrais des yeux ronds sur cette crinoline sans penser à autre chose qu'à m'ébahir : plus personne n'avait porté cet hallucinant accessoire depuis… depuis le milieu des années 1860 au bas mot ; pourquoi donc Mrs Tupper en avait-elle encore une dans son armoire ?

Je ramassai l'objet et le soupesai, un peu rebutée par son toucher rêche, crin de cheval et lin épais. Même ainsi, non amidonné et considérablement aplati, cet accessoire vestimentaire laissait voir combien il avait pu en imposer, du temps où il avait supporté d'extravagantes quantités d'étoffe, conçu qu'il était pour permettre à une jupe abondamment volantée, bouillonnée, enrubannée, de bouffer à la taille comme un ballon tout en s'évasant vers le bas.

Cela dit, ce modèle-là n'était pas des plus outranciers, contrairement à d'autres, du type « cage », dont j'avais vu des images. C'était plutôt une sorte d'immense jupon raide composé d'étages successifs, tour à tour de plus en plus larges et volumineux, reliés entre eux par des coutures que masquait un gros-grain[1] brodé de fleurs.

Je m'abîmai un moment dans la contemplation de ces rubans fleuris. Contrairement à la plupart des jeunes filles de bonne famille, je n'avais jamais appris à broder. Ma mère, suffragiste[2] convaincue, avait eu tendance à négliger mon éducation dans les arts de salon, m'encourageant à lire, à faire de la bicyclette, à me promener dans les bois – voire à grimper aux arbres – plutôt qu'à modeler des roses de cire, à confectionner des colliers de coquillages, à orner de jours échelle des mouchoirs de batiste ou à garnir de perles des étuis à lunettes. Je pratiquais la couture de survie, bien sûr. Ravauder un bas de laine, recoudre un bouton, un ourlet, je savais faire. Mais je n'avais jamais manié l'aiguille à broder.

Et donc, peut-être par esprit de contradiction, c'est en toute sincérité que j'admirais le motif qui ornait cette crinoline, fine guirlande de fleurettes naïves, rose bonbon, pêche, jaune, lavande, sur fond de gros-grain bleu pâle. Je trouvais l'effet plein de

1. Ruban un peu épais, utilisé par exemple pour renforcer une ceinture, un ourlet, une couture.
2. Favorable au vote des femmes. Les « suffragistes » pouvaient être des deux sexes, à la différence des « suffragettes » – femmes exclusivement, militantes plus actives, à l'occasion violentes.

grâce et j'aurais bien aimé pouvoir en faire autant. D'ailleurs, j'avais même essayé, un temps, de me mettre seule à la broderie, allant jusqu'à apprendre quelques-uns des points de base, expliqués dans un hebdomadaire pour jeunes filles. Soyons honnête : je n'en avais retenu que deux, le point de bouclette et le point de nœud, que j'avais plaisir à reconnaître là, sur les rubans de cette crinoline. C'était bien la première fois que je voyais de la broderie sur du gros-grain, surtout pour un sous-vêtement destiné à n'être jamais vu ! De façon amusante, loin de former un motif répétitif, les fleurettes se succédaient sur ce ruban bleu ciel avec la plus grande fantaisie, tant pour le jeu des coloris que pour l'alternance des corolles – petites roses en bouton et fleurs en étoile, à cinq pétales. Joli, et facile à exécuter, me disais-je, le nez sur cette broderie. Chaque fleur en étoile était faite de cinq points de bouclette autour d'un point de nœud, et les petites roses…

Mais… où avais-je la tête ? Ma pauvre logeuse venait de se faire enlever, brutaliser, et j'étais là à rêvasser au-dessus d'une stupide broderie ?

Enfonçant la crinoline dans le bas de l'armoire, je repris mes fouilles à cadence accélérée, à la recherche de quelque indice susceptible de me mettre sur une piste. Lorsque plus rien ne traîna sur le plancher, j'inspectai le lit tout en le refaisant, j'examinai la table de nuit, puis la table de toilette, et même la pile de revues bon marché – mode et potins du beau monde. En vain. J'allai jusqu'à retourner le tapis, en pure perte. La mort dans l'âme, je m'assis sur le lit et m'efforçai de réfléchir.

J'avais inspecté le sol ; j'étudiai les murs ; je m'allongeai pour examiner le plâtre du plafond…

C'est Florrie qui m'éveilla, une heure ou deux plus tard peut-être.

« Oh ! miss Meshle, dit-elle, le souffle court. Vous m'avez fait une peur bleue ! Toutes les lampes allumées en bas et personne, personne ! Et vous étiez pas dans vot' chambre non plus, j'ai cru qu'y z'étaient r'venus pour vous emporter, vous aussi ! »

Sur le moment, n'y comprenant rien – écrasée de fatigue, je ne savais plus où j'étais ni même *qui* j'étais –, je m'entendis bredouiller de vagues « Quoi ? Qui ? »

Miss Meshle ? Ce nom ne correspondait pas à celui qui m'échappait…

« Miss Meshle, poursuivait Florrie aux abois, vous n'avez pas l'air d'être vous-même. Vous êtes… vous avez maigri, cette nuit, à force de vous tourmenter tant ! Vous… c'est miracle si vous êtes encore vivante. »

Pauvre chère enfant, elle ne m'avait jamais vue

autrement qu'avec mes « modeleurs » et ces tampons de caoutchouc que je me calais dans la bouche pour me faire les joues plus rondes. (Il m'avait fallu du temps pour m'y faire, et que c'était bon de les retirer !) Je devais lui paraître changée, pour sûr, et elle attribuait ma métamorphose à l'excès de souci.

« Mais vous savez, faut vous remett'. Parce que, Mrs Tupper, à c'te heure, c'est comme dit ma mère : a' pourrait bien êt' morte. »

Cette déclaration me fit me redresser d'un bloc. « Florrie ! Ne dites pas des choses pareilles ! »

Mrs Tupper, assassinée ? Non, c'était... C'était hélas dans l'ordre des choses possibles, mais pas de celles qu'on prononce à voix haute.

Florrie, cependant, ne se taisait pas : « Mais c'est pas une raison, savez, faut continuer à vivre ! Et si vous avez encore rien mangé, il vous faut tout de suite un œuf au plat et une tasse de thé. »

Quelle étrange créature était cette petite, mi-femme, mi-gamine, avec cette face de lune soucieuse et ce corps à peine ébauché, maladroit, anguleux ! C'est presque avec un sourire que je me rassis au bord du lit.

« Florrie, m'enquis-je le plus doucement possible, a-t-on des nouvelles de Mrs Tupper ?

– Des nouvelles, je dirais pas, miss Meshle, mais les gens parlent que d' ça. Et y en a qui disent comme ça qu'elle a été enlevée par les anarchisses, vous savez, les rouges ; mais d'autres, y disent que c'est plutôt les gangs des docks, là, ces bandits, ou alors Jack l'Éventreur. Mais c'est pas possible, dites, miss Meshle ? Ça ne se pourrait pas. Mrs Tupper était quelqu'un de respectab'. »

Cet emploi du passé me galvanisa ; je sautai sur mes pieds.

« Et l'est toujours, je l'espère, lui dis-je. Mais vous avez raison, Florrie : il faut que j'avale un morceau, ne serait-ce que pour réfléchir à ce qu'il convient de faire. »

Si j'en croyais le Dr Watson, dont j'avais dévoré les écrits, le jeûne et le manque de sommeil réussissaient à mon frère Sherlock, qui n'en cogitait que mieux. Pour moi – hélas ! car dormir et manger font perdre un temps précieux –, je savais d'expérience que ma petite cervelle fonctionnait beaucoup mieux convenablement nourrie et reposée.

« Je mets de l'eau à chauffer », approuva Florrie, se tournant déjà vers l'escalier pour redescendre.

Je m'apprêtais à la suivre, lorsque mes yeux tombèrent sur l'armoire-penderie restée ouverte.

« Florrie ! appelai-je. Sauriez-vous par hasard pourquoi Mrs Tupper a gardé ceci ? » Tout en parlant, je tirais de l'armoire la très élégante et très démodée robe de soie bleue.

« Cette robe ? Oui, miss Meshle ! » Avec enthousiasme, Florrie revint sur ses pas. « Elle me l'avait montrée, un jour. C'est parce que, vous voyez, elle la tenait de la dame qui a le même nom que moi – le même prénom, je veux dire, on me l'a donné exprès, ou plutôt on m'a donné le prénom de ma tante, et ma tante, on l'avait appelée comme ça à cause de la dame. »

Au diable le babillage de cette gamine, elle me donnait le tournis ! J'insistai cependant : « Mais qui, Florrie ? Quelle dame ?

– Ben, celle qui a donné la robe à Mrs Tupper, miss Meshle ! »

Je respirai un grand coup. « Florrie. Veuillez me redire tout cela po-sé-ment. Moins vite, je vous prie. *Qui* a donné cette robe à Mrs Tupper ? »

Dans son désir de me plaire, Florrie plissa le front sous l'effort. « J'ai oublié son nom, miss Meshle, mais elle a été célèbre, dans le temps. "La dame à la lampe", qu'on disait. C'était quand ma tante Flo est née. Mais ce qu'est devenue cette dame après, ça, je ne sais pas trop. »

« Dame à la lampe ». Mrs Tupper avait évoqué cette personne, non ? Mon esprit cotonneux, au prix d'énormes efforts, recherchait l'information. Trente-quatre ou trente-cinq ans plus tôt... Aujourd'hui dans l'oubli... Guerre de Crimée... « Les habits qu'elle m'a donnés… plus beaux que ceux du jour de mes noces… » Cette robe que je tenais entre les mains et sa crinoline démodée devaient en être.

« Bon, mais pour vous dire comment elle s'appelait… » marmonnait Florrie.

Un de ces noms pour mots croisés, jadis connus, puis oubliés… Mais que venait faire ce malheureux détail dans la situation d'urgence où nous nous trouvions ? Rien !

« Peu importe », dis-je, rangeant la robe, et je refermai l'armoire. « Venez, Florrie. »

Docile, elle me suivit au rez-de-chaussée, mais elle continuait à marmotter.

« Florence ! » triompha-t-elle enfin, tout en mettant la bouilloire à chauffer, tandis que je m'effondrais sur une chaise. « Florence quelque chose, un drôle de nom. »

Et brusquement, cela me revint : « Nightingale ! Florence Nightingale.

– C'est ça ! se réjouit Florrie, soulagée. Je me disais bien, il y avait là-dedans une histoire de nuit en prison. Nightingoal[1] ! Y z'ont dû avoir un malfrat dans sa famille, mais elle, c'était quelqu'un de bien quand m…

1. En anglais, *night in goal* : « nuit en prison » ; *nightingale* : « rossignol ».

– Pas Night-in-goal, la coupai-je, oubliant, sous le coup de la fatigue, d'escamoter ma pointe d'accent aristocratique. *Nightingale,* Florrie. Rien à voir avec une histoire de nuit en prison. L'oiseau, tout simplement : ce gentil rossignol qui chante si joliment, de la même famille que la grive musicienne… »

Dans ma tête, tout à coup, il y eut comme un jaillissement. Je sautai sur mes pieds, au risque de renverser la table.

« Bon sang ! » m'écriai-je – un peu fort pour une demoiselle bien comme il faut. « L'Oiseau ! »

CHAPITRE V

MAIS SANS DOUTE CETTE DAME à la lampe n'était-elle plus de ce monde. Après tout, les rares vétérans de la guerre de Crimée qu'il m'avait été donné de rencontrer m'avaient paru bien vieux, or ils avaient été de très jeunes gens à l'époque du conflit, tandis que Florence Nightingale avait alors déjà atteint un âge moyen[1]. Assurément, si on ne parlait plus d'elle, c'est qu'elle était décédée. Malgré tout, peut-être quelque membre de sa famille encore en vie savait-il quelque chose de l'histoire de Mrs Tupper, et peut-être cette histoire me permettrait-elle de déduire où ma pauvre logeuse avait été emmenée et par qui ? Scutari, avait mentionné le message. Or c'était là-bas que Mrs Tupper et cette miss Nightingale s'étaient rencontrées. La piste était des plus ténues, je ne me le cachais pas, mais je m'y cramponnais comme à une bouée.

Ayant ingurgité à la diable un nouveau quignon de pain arrosé de thé, je regagnai ma chambre en hâte pour m'y changer – mais m'y changer en quoi, en qui ? Miss Meshle, petite employée de bureau, était

1. En fait, au temps de la guerre de Crimée, Florence Nightingale n'avait que trente-cinq ans, mais les notions d'« âge moyen » et d'« âge avancé » ont beaucoup évolué depuis la fin du XIXe siècle.

sans doute bien trop modeste pour se faire admettre et respecter là où j'avais l'intention d'aller; mais miss Viola Everseau, mon personnage de rechange, authentique lady pour sa part, exigeait des heures d'apprêt et je ne me sentais aucune patience pour elle.

Les mains tremblant un peu, j'inventoriai le contenu de ma penderie et finis par en extraire une robe en lainage couleur brique sombre, droite et sans nulle fantaisie. Dans cette tenue, mes cheveux d'un brun terne relevés en chignon austère et mon nez chaussé de lunettes en écaille, je passerais sans difficulté pour un autre type de femme des classes aisées, celle qui consacrait sa vie aux études (ou qui s'efforçait d'étudier, lorsque les messieurs voulaient bien ne pas l'en empêcher) : tout à fait le genre de lady que l'on croisait au British Museum, une excentrique dédaignant le mariage – et ces lunettes en faisaient foi, car aucune jeune femme se voulant belle ne se serait laissé voir avec des lorgnons sur le nez.

Un coup d'œil au miroir me confirma l'intérêt des lunettes : leur monture épaisse me masquait le visage plus qu'à moitié, tout en réduisant l'alarmante longueur de mon appendice nasal. Je complétai l'ensemble d'un petit chapeau noir vaguement masculin. Excellent. J'avais tout de la vieille fille enfermée dans sa bulle et sur qui nul ne posait les yeux. Plus qu'à enfiler une veste sombre et une paire de gants – un peu tachés d'encre, bien entendu –, et je me dirigeai vers la porte d'entrée, lançant au passage : « Florrie ? Vous voudrez bien rester ici jusqu'à mon retour, je vous prie ? » Car je tenais à ce qu'elle fût sur place, au cas où quelqu'un serait venu apporter du nouveau.

« Bien sûr, miss... » Les yeux sur moi, elle hésitait. « Miss, euh... Meshle ?

– Peu importe, Florrie.

– Vous partez chercher Mrs Tupper ?

– Tout juste. Mais espérons plutôt qu'elle va rentrer ici d'elle-même avant longtemps. »

Si seulement...

Comme toujours, les rues de l'East End grouillaient de ce que d'aucuns appelaient la « populace » – gamins déguenillés, maigres comme des sauterelles ; mendiants à la peau rongée de fausses brûlures, obtenues grâce à un mélange de vinaigre et de mousse de savon ; marchands ambulants lançant leur litanie d'une voix éraillée, « Elle est bonne, ma bière, elle est bonne ! » ou « Harengs frais, beaux harengs ! » Tout en cheminant avec ouvriers, blanchisseuses, bonnes à tout faire et autres journaliers se hâtant vers leur travail, j'avisai machinalement un grand gaillard bien découplé, à casquette à carreaux trop grande pour lui, et qui allait d'un pas plutôt nonchalant.

À ce rythme-là, en voilà un qui allait être en retard à son boulot.

Sitôt passé Aldgate Pump, énorme fontaine à boire haute de près de vingt pieds[1], surmontée d'une lampe grandiose, je pus héler un fiacre, car ce monstrueux monument à la gloire de la Lumière et de l'Hygiène (comme le clamait son inscription) annonçait un quartier moins offensant pour les narines et nettement plus respectable. Au cocher qui s'arrêta, j'indiquai : « L'École d'infirmières Florence Nightingale, je vous prie », et il me répondit : « Entendu, mademoiselle. »

Je me hissai sur le siège de son cab[2], ravie de voir qu'il savait où se trouvait ma destination, car pour ma part je n'en avais pas la moindre idée, ayant seulement ouï dire qu'il existait quelque part dans Londres une école de ce nom. Mais c'est alors, comme nous partions au petit trot, que j'entendis mon cocher apostropher un confrère : « Hé ! elle est où, l'école des infirmières ? »

Il se révéla qu'elle était située de l'autre côté du Pont, sur la rive droite de la Tamise, dans le quartier de Lambeth et non loin de l'hôpital St Thomas.

Parvenue à destination, et sitôt ma course payée,

1. Un peu moins de sept mètres.
2. Sorte de cabriolet hippomobile à deux roues (quatre pour le « grand cab »), où le cocher occupait un siège élevé, placé derrière la caisse dans laquelle prenaient place le ou les passagers (jusqu'à trois).

je me retrouvai face à un petit jardin aux allées sages, dans lequel des jeunes femmes allaient deux par deux en silence sous le franc soleil printanier, chacune avec sa petite coiffe blanche, son col blanc et son tablier blanc par-dessus une robe marron, robe à la coupe si peu inspirée que la mienne paraissait gracieuse à côté. Ce devaient être, décidai-je, des élèves infirmières.

Comme elles ne semblaient pas disposées à m'accorder un regard, je gagnai directement la grande porte du bâtiment – d'assez belles proportions, mais totalement dépourvu de grâce –, et commençai par frapper avant d'aviser un petit écriteau qui recommandait : « Entrez sans frapper ». Ce que je fis.

Un second écriteau, représentant une main à l'index pointé, m'orienta vers le bureau d'accueil. À l'intérieur, une femme sans âge, tout en noir et plus sèche qu'une fourmi, me considéra de la tête aux pieds, comme pour m'évaluer.

Juste ciel ! Elle me prenait pour une postulante. À mon désarroi, je me surpris à balbutier : « Euh, je ne suis pas venue pour… Je veux dire… Je ne suis pas, enfin, j'essaie d'entrer en contact avec un membre de la famille Nightingale pour une affaire entièrement personnelle. »

La dame fourmi cligna des paupières. « Membre de la famille ?

– Je... euh... Miss Florence Nightingale... »

Je cherchais comment exprimer, avec tout le tact requis, qu'à coup sûr la célèbre demoiselle n'était depuis longtemps plus accessible pour un entretien, mais je n'eus pas à en dire plus long. La dame en noir, d'un geste vif, se saisit d'un bout de papier tout en hochant du chef. Elle y griffonna quelque chose, puis me le tendit.

« 35, South Street », lus-je à voix haute, puis je relevai les yeux, surprise. « Miss Nightingale est *vivante* ? »

Je devais paraître éberluée, car la dame fourmi sourit chaleureusement. « Vivante ? Oh ! tout à fait. Même si elle ne sort plus de chez elle. »

J'eus un petit choc. Ma source d'informations possible, la seule peut-être, gisait-elle donc sur son lit de mort ?

« Serait-elle, euh, souffrante ?

– Souffrante ? Parfois, peut-être. » La dame eut un petit rire. « Plus simplement, comme vous le savez sans doute, elle est la plupart du temps alitée, en tout cas elle garde la chambre – et cela depuis fort longtemps. Déjà, à son retour de Crimée... »

J'hésitai un instant. « Une maladie chronique ? Quelque chose d'invalidant ? »

Je n'aurais su trop dire ce que j'entendais par là, mais je nourrissais sur ce point de sérieux préjugés.

Pour moi, un malade chronique était souvent quelqu'un qui avait décidé de vivre en malade, de se dorloter, de se faire plaindre. De ces pseudo-malades geignants, j'avais eu vent de plusieurs exemples dans des familles de la haute société, où certains de ces prétendus invalides menaient une vie de tyran. Moi-même, d'ailleurs, n'avais-je pas eu cette tentation de me prostrer, de me faire porter malade – uniquement par-devant moi-même, faute de tiers à tyranniser – lorsque, à plusieurs reprises, j'avais subi un choc ou que les choses n'avaient pas pris la tournure que j'eusse souhaitée ? Mieux, j'y avais cédé. Plusieurs semaines durant, après la disparition de ma mère – même si, dans mon cas, cela avait été pour me soustraire aux désagréments en général et à mon frère Mycroft en particulier.

Oui, mais – trente-cinq ans d'affilée ?

« Elle-même préfère se dire "valétudinaire", enchaînait la dame en noir. De santé précaire et fléchissant souvent. En tout cas, je peux vous le certifier, si elle est invalide, alors c'est l'invalide la plus active de tout Londres. » Elle eut un petit geste pour me congédier, comme elle l'eût fait d'un enfant. « Allez vite, maintenant. Je dois appeler les novices, l'heure de la promenade de santé s'achève. »

Je pris donc congé, perturbée par ce que je venais d'entendre. L'héroïque Florence Nightingale, toujours en vie mais grabataire, et depuis longtemps ? Encore une statue aux pieds d'argile. L'ancienne dame à la lampe allait-elle être capable d'éclairer si peu que ce fût la sombre affaire qui me faisait craindre le pire pour Mrs Tupper ?

Lambeth était un quartier sage et bien rangé, avec fort peu de monde dans ses rues en ce milieu de matinée. Je n'en fus que plus surprise de repérer, parmi les rares passants, l'ouvrier à casquette trop grande et au pas nonchalant remarqué plus tôt dans les rues de l'East End. Peut-être travaillait-il dans le coin ?

Ayant trouvé une station de fiacres, je pris de nouveau un cab, indiquant cette fois au cocher : « 35, South Street. »

Mais au lieu de donner le départ à son cheval, il s'écria : « À *Mayfair*, mademoiselle ? »

J'espère que je sus camoufler ma surprise, au moins aussi vive que la sienne. « Est-ce à Mayfair que se trouve South Street ?

– Oui, mademoiselle.

– En ce cas, c'est là que je vais. »

Rien d'étonnant s'il avait tenu à s'assurer d'avoir bien entendu : Mayfair est l'un des quartiers les plus huppés de Londres. De mon côté, je m'interrogeais. Étrange lieu de résidence pour une femme qui avait consacré sa vie à des causes humanitaires. Je me serais attendue à la trouver... je n'aurais su dire où, mais pas à Mayfair, parmi les puissants et les fortunés ! Florence Nightingale était-elle donc riche ? À mieux y réfléchir, elle avait au moins dû l'être naguère, pour accomplir tout ce qu'elle avait fait. D'un autre côté, si elle était née dans la haute société, si elle avait été de ces jeunes filles qu'on présente à la cour, qu'était-elle allée faire dans ce cloaque qu'était un hôpital militaire en temps de guerre comme celui de Scutari ? Et pourquoi, à présent, si elle gardait la chambre, vivait-elle au milieu des gens de cour ? Emportée à travers Londres, secouée par les cahots de mon cab et ne sachant vraiment que penser de cette Florence Nightingale, j'échafaudais les hypothèses.

Je pouvais bien échafauder ! Même piquée au vif par ma curiosité, mon imagination d'ordinaire fertile ne risquait pas de me préparer à ce que j'allais trouver au 35, South Street – à un jet de pierre de Park Lane, rien moins, et avec vue sur Hyde Park, s'il vous plaît, comme je le découvris en mettant pied à terre, prise d'un vertige léger. Quant à la demeure elle-même, vaste bâtisse de trois étages aussi élégante que massive, elle ne manquait pas d'allure derrière sa grille de fer forgé, avec ses volets et boiseries peints d'un vert opulent mais sobre qui mettait en valeur sa brique.

Prenant mon courage à deux mains, je gravis le perron de pierre menant à une porte imposante, surmontée d'une imposte en demi-lune. J'actionnai le heurtoir de cuivre, m'attendant à voir surgir un redoutable majordome qui commencerait par m'interroger, puis m'introduirait dans quelque salon aux épais tapis, où on me laisserait attendre, seule, durant un temps indéterminé avant de…

La porte s'ouvrit, et un tout jeune homme qui n'était ni majordome ni valet de pied, mais vêtu d'un ensemble de tweed fort élégant, avec knickerbockers[1] et hautes guêtres d'un chaud brun-roux, s'effaça de côté sans presque me jeter un regard et m'invita : « Entrez. »

Dès le seuil je détectai des arômes mêlés de thé, de petits-fours et de fleurs coupées, tandis qu'un murmure de conversations venait frapper mes oreilles.

« Je vous demande pardon, dis-je, un peu désemparée. Je tombe peut-être mal ?

– Pas du tout, répondit-il avec un petit gloussement amusé. C'est ainsi chaque jour de la semaine. Entrez, je vous prie. »

Percevant dans sa voix une pointe d'impatience, je m'avançai dans un hall spacieux et bien éclairé, dont les multiples portes étaient toutes grandes

1. Culotte légèrement bouffante, serrée au-dessus du genou et très semblable à la culotte de golf (souvent abrégé en « knickers »).

ouvertes sur les vastes pièces de réception typiques de ce genre de demeure : salon, grand salon, boudoir, bibliothèque, salle à manger et tout le tralala. Et dans chacune de ces salles, on entrevoyait, assis dans des fauteuils, des messieurs en costume de ville et des dames en robe de visite, les uns faisant conversation, les autres prenant le thé, d'autres encore occupés à consulter des documents ou à écrire, voire à combiner plusieurs de ces activités. Avec un petit choc pour mon esprit déjà passablement perturbé, je reconnus au milieu de l'une de ces aimables compagnies l'ancien Premier ministre Gladstone.

Alors seulement je compris : il n'allait sans doute pas être si facile d'obtenir quelques instants de l'attention de miss Nightingale pour un entretien privé.

CHAPITRE VI

TEL UN NAVIRE ENCALMINÉ, je ne m'aventurai guère au-delà du tapis de l'entrée, car le jeune homme qui m'avait ouvert n'était plus nulle part en vue et je ne savais que faire. Perplexe, je passai en revue le mobilier du hall d'entrée : une série de canapés ingénieux mais plaisants, combinant les fonctions de siège, porte-chapeaux, miroir et porte-parapluies ; une monumentale horloge de parquet ; des vitrines exposant toutes sortes de souvenirs, peut-être en provenance de Crimée ; des maximes brodées et encadrées – *Patience et ténacité finissent toujours par triompher, Les bonnes intentions ne suffisent pas à compenser un mauvais jugement, Qui ne progresse pas régresse,* ce genre de préceptes, chacun d'eux brodé au petit point et festonné de fleurettes.

J'étais en train d'admirer *Qui ne progresse pas régresse* lorsqu'une jeune femme en robe de soie, assurément pas une servante, passa devant moi d'un pas léger, portant sur un plateau un pichet de citronnade et des verres. Bien qu'il n'y eût pas l'ombre d'une guêpe à tenir à l'écart en cette fin de printemps, le pichet était recouvert d'un cache-pichet délicatement brodé. Mon attention captivée par ce ravissant objet, je sursautai quand la jeune femme, s'arrêtant soudain, me demanda d'un ton amical : « Vous êtes ici pour la réforme de l'hôpital, sans doute ? »

J'avais beau jouer les femmes adultes, c'est en adolescente de quinze ans, même pas, que je m'entendis bafouiller : « Euh, non...

– Peut-être à propos des conditions déplorables de nos hospices ? »

Je fis non de la tête.

« Vous n'êtes pourtant pas de la Commission de la médecine militaire, si ? » Sans se départir de son humeur enjouée, mon interlocutrice s'efforçait de me situer. « Le Comité en faveur d'une licence pour les infirmières confirmées ? »

Et moi, telle une enfant bornée, je continuais à faire non de la tête, puis j'eus enfin la présence d'esprit de répondre : « En fait, j'aurais une question à poser à miss Florence Nightingale.

– Ah. Ce ne devrait pas être difficile. Voyez Mrs Crowley à son bureau, dans la bibliothèque, alors », dit-elle avec un sourire, m'indiquant la direction d'un gracieux signe de tête.

Mrs Crowley, version plus mûre de la jeune femme vêtue de soie qui venait de m'envoyer vers elle, me salua du même sourire et eut le même petit signe de tête lorsque je l'informai que je souhaitais parler à Florence Nightingale. Elle ne s'informa pas de mon nom, fort heureusement car je n'avais aucune idée de mon identité ce jour-là. Et pas davantage elle ne requit de carte de visite à faire envoyer à l'invalide ni de lettre de recommandation. Sans même m'interroger sur la raison de mon intrusion, elle me convia d'un geste aimable à m'asseoir sur le siège le plus proche et me tendit une petite écritoire de bois avec plume, encrier et bloc de papier couleur crème, de la meilleure qualité qui soit.

Je dus paraître si perplexe qu'elle compléta d'une voix douce : « Écrivez ce que vous souhaitez demander à miss Nightingale. Le jeune galapiat que vous voyez là, en knickers, ira lui porter votre message et, sitôt qu'elle en aura le temps, elle vous enverra sa réponse. »

Interloquée, je bégayai : « Mais… il faut absolument que je parle à miss Nightingale. En personne ! »

Le sourire de Mrs Crowley se figea imperceptiblement.

« Oh ! je vois que vous ne comprenez pas ; c'est absolument impossible, me dit-elle avec un soupçon de gentil reproche. Personne ne parle à miss Nightingale. Personne. » Du menton, elle désigna la porte ouverte de l'autre côté du hall, par laquelle on pouvait voir l'imposante silhouette de Mr Gladstone. « Lorsque Son Excellence souhaite lui demander quelque chose, voyez-vous, il lui envoie un petit billet. Comme tout le monde.

– Mais… mais si elle est invalide à ce point, comment peut-elle…

– Vous n'imaginez pas tout ce que miss Nightingale est capable d'accomplir depuis son lit, ma chère enfant. Elle prend ses repas seule et travaille constamment. En plus de petits billets d'ordre domestique, elle écrit parfois jusqu'à cent courriers par jour, et joue un rôle crucial dans quantité de réformes essentielles, même si elle n'autorise jamais la mention de son nom dans la presse. Parmi ceux qui sont au courant, il se dit que le gouvernement ne compte pas seulement la Chambre des lords et la Chambre des communes[1], mais également la Chambre de miss Florence Nightingale. »

Je crains fort d'avoir bredouillé une fois de plus : « Bonté divine. J'étais loin de me douter… Pourtant, il faut absolument que je voie miss Nightingale en personne.

– Je regrette, ce n'est tout simplement pas possible, » persista Mrs Crowley avec, oh ! à peine un début d'agacement. « Vous semblez être une personne instruite. Vous savez bien écrire, n'est-ce pas ?

– Mais ce peut être une affaire de vie ou de mort ! »

Il en eût fallu plus pour ébranler mon cerbère.

1. Les deux assemblées qui composent le Parlement du Royaume-Uni. Dans la Chambre des lords, par tradition, siégeaient les nobles.

« Miss Nightingale, sachez-le, ne recevrait même pas ses père et mère s'ils étaient encore de ce monde. Même sa propre sœur, elle ne la reçoit jamais. Depuis bientôt trente ans, à de très rares exceptions près, elle n'accepte de voir personne, et donc je doute fort qu'elle vous reçoive. Mais bien naturellement vous pouvez toujours le lui demander. » D'un geste sans réplique, Mrs Crowley désignait l'écritoire qu'elle venait de me donner.

Barbe de bouc ! S'il y avait eu du lierre aux murs de cette déconcertante bâtisse, je serais ressortie illico pour tenter de grimper à la façade et de m'introduire par quelque fenêtre, puis de trouver moi-même la chambre de cette recluse impénitente. Faute de lierre, je considérai d'un air renfrogné le papier à lettres sous mon nez.

J'avais beau être persuadée que le jeu n'en valait pas la chandelle, je me concentrai, puis griffonnai ces lignes :

Chère miss Nightingale,
Le temps presse, je vais droit au but. Une femme âgée a été enlevée par des malfrats, apparemment parce qu'elle vous a connue en Crimée et qu'elle a transmis ou devait transmettre un message de votre part. Son nom : Mrs Dinah Tupper. Auriez-vous la moindre

idée de l'identité de ses ravisseurs et de l'endroit où elle pourrait se trouver ?
Une amie.

Un coup de tampon-buvard, une relecture rapide ; déjà, je pliais ma missive et la tendais à Mrs Crowley. Elle s'en saisit, approbatrice, et m'offrit l'hospitalité de la demeure : « Prenez un thé, je vous prie, ou un citron pressé et des biscuits. Nous vous préviendrons sitôt que nous aurons la réponse. »

Cette miss Nightingale, assurément, élevait au rang des beaux-arts la tyrannie de l'invalide. Je l'imaginais fort bien en dragon domestique et cette seule pensée me donnait envie de mordre – à défaut d'elle-même, quelque chose ou quelqu'un. Mais je me muselai et, sur un docile hochement de tête, je sortis d'un pas tranquille. Puis, faisant mine de vagabonder, j'entrepris d'explorer les lieux, car décidément cette grande demeure m'intriguait.

Et c'est ainsi que, passant de pièce en pièce à travers tout le rez-de-chaussée, le long de tables dressées proposant aux visiteurs, fort nombreux, toutes sortes de sandwichs miniatures, petits-fours, fruits tranchés et autres mets délicats – indéniablement, miss Nightingale était une hôtesse généreuse, sauf de sa présence –, je notai l'abondance d'objets brodés, nappes et napperons, serviettes, coussins, et jusqu'aux couvercles de pots à confiture ! Sur chacun de ces derniers figurait, brodée au petit point, une image du fruit utilisé, fraise ou framboise, abricot, coing, groseilles...

Certes, dans toute bonne maison et surtout dans les classes aisées, on pouvait s'attendre à trouver maints échantillons de cet art féminin entre tous, la broderie. Mais j'étais frappée de ne voir nulle part de ces autres ouvrages de dame si courants aussi, fleurs de cire, abat-jour plissés, petits coffrets en coquillages, vases en verre peint à main, que sais-je encore ? Par exemple, dans le salon de devant, pas un seul de ces protège-fauteuils en macramé qu'on voyait partout, mais une abondance de coussins amoureusement brodés. Aux murs, des paysages brodés se joignaient à l'habituelle galerie de portraits familiaux, peintures, photos, daguerréotypes – ah ! et même d'antiques portraits dits « à la silhouette », faits en papier découpé.

Je m'attardai sur les photographies. Il y avait là un assortiment de beaux portraits, ainsi que plusieurs photos de mariage en pied, et quelques clichés moins posés : un vieil homme auprès d'une femme plus jeune et sans beauté, tous deux sous la voûte de pierre d'une porte de manoir ; un autre vieillard en compagnie d'une autre femme sans beauté, prenant le thé dans un jardin... Je m'amusais à deviner les liens de parenté entre tous ces gens, lorsque le jeune « galapiat en knickers » surgit soudain, marchant droit vers moi, et me tendit un billet qui ne pouvait être que la réponse attendue de l'inapprochable miss Nightingale. Écrit à l'encre violette sur un très mince papier à lettres fleurant la violette, il contrastait fort avec la missive que j'avais fait porter à l'étage.

Je le pris, mais avant de le lire je désignai du geste les portraits au mur et demandai au jeune homme : « Auriez-vous l'amabilité… Euh, pourriez-vous me dire qui sont ces personnes ?

– Oh ! pour la plupart, j'en serais incapable, mais ceux-ci… (il indiquait le couple assis à la table de jardin) ce sont les parents de miss Florence Nightingale : William Edward Nightingale et Fanny Smith Nightingale. Et là (il montrait la jeune femme au sourire de batracien dans l'embrasure de porte), vous avez miss Frances Parthenope Nightingale, à Embley, dans la propriété familiale. Miss Parthe, comme on dit le plus souvent, est la sœur aînée de miss Florence Nightingale. »

Parcourant d'un regard bref les portraits alignés là, à la recherche d'un autre sourire batracien, je hasardai : « Et miss Florence Nightingale, où est-elle ?

– Nulle part ici. Elle a horreur d'être prise en portrait ou exposée aux regards. »

Rien d'étonnant, si elle ressemblait à sa sœur.

Et, pareillement défavorisée, rien d'étonnant non plus si elle était restée vieille fille et avait fini par… s'aigrir ? Ou par finir en recluse, en tout cas, refusant de voir même les siens.

Le jeune galapiat reparti, j'accordai mon attention au billet parfumé. Rédigé d'une petite écriture nette, un peu semblable à celle d'un comptable, il disait ceci :

Je suis au regret de ne pouvoir vous aider, ne connaissant personne du nom de Tupper, et ignorant tout de l'affaire qui vous préoccupe.
J'en suis désolée.
Sincères salutations,
Florence Nigthingale.

Et voilà. Fin de l'épisode.

Sauf que je ne pouvais l'admettre. Ni ne voulais l'admettre.

Pourtant, je quittai la demeure sur-le-champ sans un mot de protestation, sans même y songer, car plusieurs pensées m'occupaient l'esprit, dont celle-ci : Quelqu'un, dans cette demeure, aimait beaucoup broder.

Et bien que nul, à ma connaissance, n'eût mené une étude sur le sujet ni rédigé une monographie à ce propos (du type de celles que mon frère Sherlock, par exemple, consacrait à des sujets aussi variés que la cendre de cigare, les codes secrets, les réactions chimiques), il me semblait raisonnable de présumer qu'il en allait de la broderie un peu comme de l'écriture : à chaque brodeuse sa manière propre, lâche ou serrée, brouillonne ou minutieuse, régulière ou irrégulière…

Le style de broderie observé chez Florence Nightingale avait quelque chose de gai, de léger, d'une désarmante simplicité ; et j'avais déjà vu cette manière quelque part.

Sur les rubans d'une crinoline.

Emplacement étrange, soit dit en passant. Le ruban de gros-grain était une passementerie coûteuse ; la broderie, pour sa part, exigeait de la patience. D'ordinaire, on se contentait de l'un ou de l'autre. Combiner les deux semblait une extravagance. Digne, à l'extrême rigueur, d'une robe de mariée. Mais sur une crinoline, pourquoi pareil étalage de luxe ? Pourquoi broder un sous-vêtement destiné à n'être jamais montré, pas même à un époux un soir de noces ?

À ce stade, j'avais grand hâte de rentrer chez moi et d'aller regarder de plus près cette humble pièce d'habillement.

CHAPITRE VII

Le long de Park Lane, les fiacres n'étaient pas ce qui manquait.

« Cocher ! » hélai-je, levant une main gantée, et aussitôt un fringant cabriolet s'immobilisa à ma hauteur.

Et un autre surgit instantanément, qui alla se ranger juste devant. Car un gentleman dans mon dos m'avait aussitôt fait écho, et je le vis me doubler à longues enjambées pour aller prendre ce fiacre concurrent.

Machinalement, je lui jetai un coup d'œil au passage – et je tressaillis comme si l'on m'avait frappée.

Frappée, je l'étais bel et bien. Frappée par ce qui ne pouvait être une coïncidence : ce quidam, je l'avais déjà vu deux fois le matin même, quoique pas sous l'apparence d'un gentleman. Et cependant, sa démarche et ses épaules carrées étaient celles d'un gentleman, sans parler de l'intonation lorsqu'il avait hélé son fiacre. D'ailleurs, ce matin même, n'était-ce pas cette allure d'homme bien né, justement, qui avait poussé mon regard à le sélectionner parmi les passants de l'East End ? Quelque chose en lui m'avait paru louche. Un ouvrier ne va point de ce pas nonchalant, une main au ceinturon et le front haut, comme qui n'a jamais porté de fardeau de sa vie. De fait, ce citoyen plein de flegme avait bien mieux sa place ici, aux environs de Hyde Park. Il s'était délesté de son grossier ceinturon bouclé par-dessus la veste et avait troqué sa ridicule casquette à carreaux contre un chapeau melon, de sorte qu'à première vue, si l'on négligeait les détails, on pouvait le prendre pour un commerçant aisé en costume un peu lâche.

Prestement, je montai dans mon fiacre, et lorsque celui-ci, s'ébranlant, passa devant le confrère encore à l'arrêt, j'observai l'inconnu à la dérobée, m'efforçant de photographier en pensée ce visage que je voyais enfin pour de bon. Les traits, remarquablement réguliers, avaient quelque chose de doux et plaisant, sans rien de commun avec ceux de tant d'aristocrates, qu'on croirait sculptés dans le roc. Et lorsque, l'instant d'après, c'est son profil qui se présenta, je fus saisie doublement : par la pureté de ce profil d'abord, le classicisme de ses proportions ; mais aussi par cette impression bizarre de le connaître déjà. Où donc avais-je pu le voir ?

Mais plus urgente était cette question : que faire à son propos, puisque manifestement il me pistait ?

Au carrefour suivant, ma décision était prise. Vivement, je frappai du poing au plafond de ma caisse pour signaler au cocher de s'arrêter.

Descendant de voiture, je lui dis sans plus d'explication : « Merci, mon brave », et lui payai le prix de la course complète. Après quoi, je repartis dans la direction d'où j'étais venue. Le second fiacre, engagé par l'inconnu qui m'avait prise en filature, s'était immobilisé derrière le mien, ce qui n'avait rien pour me surprendre. Du coin de l'œil, je vis Profil Classique, comme je commençais à l'appeler, se tourner vers la lunette arrière juste au moment où je passais.

À moins de cent pas de là, avisant une petite vendeuse de fleurs, je m'arrêtai pour acheter un bouquet d'œillets, et ce dans un double but : un, je justifiais ainsi mon brusque revirement, apaisant par là même les probables alarmes de l'adversaire ; deux, la halte me permettait de me retourner et de voir où lui-même en était. À ma satisfaction, tandis que mon fiacre à moi roulait déjà en quête d'une nouvelle course, celui de Profil Classique était encore sur place.

Souriant sous cape, le nez dans mes œillets comme pour m'enivrer de leur parfum, je fis quelques pas de plus puis hélai une nouvelle voiture.

Insistant pour régler d'avance – « simple convenance personnelle » –, je priai le cocher de me conduire au British Museum et montai à bord. Mais sans même lui laisser le temps d'agiter les rênes, je ressortis immédiatement par la portière côté rue. Puis, m'arrangeant pour que mon fiacre, qui s'ébranlait, fît écran entre ma personne et certain spectateur risquant fort d'être intéressé, je me coulai derrière une voiture de ville rangée là.

Tandis que mon deuxième fiacre, à présent vide, s'éloignait vers le bas de la rue, celui de Profil Classique se mettait en route à son tour et prenait en chasse ce nouveau confrère.

J'avoue m'être un instant vivement félicitée pour ma belle ingéniosité.

Un instant seulement. Jusqu'à ce rappel à l'ordre : *Enola, maligne ! Qu'as-tu gagné, en fait ? À l'évidence, ce drôle de paroissien sait très bien où tu habites, puisqu'il t'a suivie depuis l'East End toute la matinée.*

Ce que j'avais gagné ? Un peu de temps, rien de plus. Pour en faire bon usage, je me hâtai de rentrer chez moi.

« Non, miss Meshle, pas de nouvelles d'elle. Rien de rien. »

Pauvre Florrie ! Elle s'en tordait les mains et ses phalanges noueuses craquaient d'odieuse façon. Pour l'occuper, je lui tendis mon bouquet d'œillets tandis que je me défaisais de mon chapeau et de mes gants.

Après quoi, sans préambule, je lui montrai ce que

j'avais fait à bord du fiacre, sur le chemin du retour : avec le crayon et le papier que je gardais toujours sur moi, au creux de mon « rehausseur de buste », en compagnie de quelques autres accessoires de survie, j'avais esquissé plusieurs portraits de mon mystérieux suiveur : de profil, de face, avec casquette, sans casquette, et ainsi de suite. Sans avoir, il s'en faut de beaucoup, le coup de crayon d'un artiste de métier, j'ai toujours aimé « croquer » mes semblables, quitte à les caricaturer un peu, surtout quand les choses vont de travers pour moi ; d'ordinaire, la ressemblance est assez nette.

Or les choses allaient de travers. Où pouvait bien être ma pauvre logeuse ? Que devenait-elle, en ce moment même ?

L'effet fut immédiat. « C'est lui ! s'étrangla Florrie. Ç'ui-là qu'avait les belles dents ! L'a pas sa barbe, mais c'est lui tout pareil. C'est lui qu'a emmené Mrs Tupper !

– Mais pas tout seul, Florrie ; avec un autre », glissai-je, soucieuse de m'assurer que le récit ne variait pas. « Un plus âgé, avec des dents abîmées...

– Oui, miss Meshle !

– Et c'est le plus vieux, le plus méchant des deux, qui vous a frappée ?

– Non ! oh non, miss Meshle ! » Le doigt de Florrie en tremblait, pointé vers mes portraits du jeune homme aux traits doux, *alias* Profil Classique. « Non, c'est lui ! C'est lui qui m'a tapé d'ssus, et sur Mrs Tupper ! »

Lui, porter la main sur une vieille femme ? Seigneur ! Dire qu'à le voir on l'aurait pris pour un parfait gentleman ! Cette pensée m'inspirait un intense malaise. Quel personnage pouvait se cacher derrière ces traits d'ange ?

Sa main rougeaude désignant toujours mes dessins, Florrie s'avisa soudain : « Mais… mais où 'ce que vous avez trouvé ça, miss Meshle ? »

Je fis la sourde oreille. Elle en savait déjà bien assez long sur moi ; je n'allais pas lui révéler que j'avais dessiné ces portraits moi-même.

« Florrie ! » m'écriai-je pour faire diversion, m'élançant dans l'escalier, car j'avais à faire à l'étage. « Fermez bien les portes et ne laissez personne entrer sans m'avoir d'abord consultée, voulez-vous ? »

L'instant d'après, assise à ma fenêtre et disparaissant presque sous l'antique crinoline de Mrs Tupper, j'entreprenais d'examiner au grand jour l'encombrant objet, aussi râpeux que saugrenu.

Hmm.

Toutes mes émotions neutralisées par l'effort, je concentrai mon attention sur le gros-grain brodé de fleurs et fis plusieurs découvertes.

Pour commencer, je m'aperçus que ces rubans

recouvrant les coutures n'étaient pas aussi solidement fixés à la crinoline que je l'avais cru. En fait, ils étaient maintenus par un simple faufil, une sorte de bâti à grands points, comme s'ils étaient destinés à être aisément retirés.

Et si… et s'ils avaient été mis là de manière à voyager en secret vers quelque destination ?

Mais pourquoi les avoir placés sur quelque chose d'aussi laid, d'aussi…

« Pardi ! » murmurai-je dans ma barbe tandis que l'évidence s'imposait.

J'aurais pu y songer plus tôt. Une crinoline n'était pas faite pour aller à la lessive. Alors que les multiples jupons et autres dessous féminins se retrouvaient tôt ou tard aux mains de servantes ou de blanchisseuses, au risque de se faire perdre ou voler, une crinoline était, par excellence, le type de vêtement dont on ne se dessaisissait pas.

Bien vu, me dis-je, mon respect pour l'ingéniosité de Florence Nightingale croissant de minute en minute. Glisser un message codé sur la passementerie d'un sous-vêtement de dame, belle idée. Car à coup sûr, c'était la sienne, une brillante idée de femme qui savait qu'aucun homme n'irait regarder à deux fois un ruban brodé de fleurettes. La preuve : les deux brutes épaisses qui avaient fouillé la demeure de Mrs Tupper n'y avaient vu que du feu. Même mon frère Sherlock, je l'aurais parié, serait passé à côté. Bon sang, moi-même, j'avais bien failli ne rien voir !

Et c'est admirative que je me penchai sur le... le cryptogramme, si l'on peut ainsi nommer une guirlande de fleurettes brodées.

Mon aimable lecteur se souvient peut-être qu'il s'agissait de fleurs en étoile et de petites roses rondes en un assortiment de coloris – rouge, rose, jaune, pêche, lavande, blanc, violet et j'en passe –, semées ici et là de feuilles vertes. Je commençai par essayer de discerner un motif, un rythme dans la répartition des couleurs, et pour ce faire je sortis mes ciseaux afin de détacher les rubans de la crinoline. (Ils étaient, je le rappelle, tout juste fixés à grands points, de sorte que la tâche était aisée.) Cela fait, j'allai poser la crinoline dans un coin, où elle resta debout toute seule, forme blanche et vaporeuse, tel un fantôme de Mrs Tupper.

Chassant de mon esprit cette image démoralisante, je me mis en devoir d'étaler ces rubans sur mon lit dans l'ordre qui avait été le leur sur la crinoline, du haut en bas, et donc du plus court au plus long.

Ainsi disposés, ils m'évoquaient fortement les lignes d'un texte imprimé. De fait, m'avisai-je soudain, les coloris pouvaient bien n'avoir d'autre but que de faire diversion, et d'empêcher l'observateur de remarquer que les fleurettes, pour leur part, n'étaient que de deux sortes.

Cinq pétales au point de bouclette, la plus simple des fleurs en étoile.

Six points de nœud en tourbillon, la plus simple des roses en bouton.

Quelques feuilles de place en place.

Et aussi, çà et là, des intervalles de ruban à nu.

Ce furent ces espaces vides qui achevèrent de me convaincre. Pourquoi laisser des espaces lorsqu'on décore un ruban ? Oui, décidément, ce devait être un message codé.

Fort bien, mais comment figurer des lettres, des mots, des phrases à partir de trois symboles seulement, fleur en étoile, rose en bouton, feuille ovale – mettons quatre symboles, si l'on considérait les doubles feuilles ?

Ma cervelle embrumée renâclant à la tâche, je résolus de réfléchir sur le papier, en commençant par transcrire le message en signes. Aujourd'hui, relatant ce récit, je peux obtenir le même effet sur mon clavier de machine à écrire, à peu de choses près, en choisissant l'astérisque pour désigner la fleur en étoile, le point pour la rose en bouton, la barre oblique pour la feuille. Ainsi transcrit, le message se présentait comme suit :

●✻/●●●✻/✻✻✻/✻●/●●●V●✻✻●/●✻●/●/●●✻/●●●✻/●V●✻
✻/●✻●/●/●●✻●/✻✻✻/●✻●/✻●●V●●●✻/●/✻●/✻●●V●●✻●/✻
✻✻/●●✻/●✻●/✻●/●●/✻/●●✻/●✻●/●/●●●V✻✻/●✻/●✻●/✻●✻
●/●●●●/●●✻●●V✻●✻●/✻✻✻/✻●/●●●/✻/●✻/✻●/✻/●●/✻●/✻
✻✻/●✻✻●/●✻●●/●V✻●●/●/✻✻/●✻/✻●/✻●●/●●✻●●V●●/✻●
/✻/●/●✻●/●●●✻/●/✻●/✻/●●/✻✻✻/✻●V✻●✻●/●✻●/●●✻/●●/
✻●✻/●●●/●●●●/●✻/✻●/✻●✻/●●●V●●●●/●✻/●✻●●/●✻●●V
●✻●/●✻/✻✻●/●✻●●/●✻/✻●V●●●/●✻/✻●/●●●V●/●●✻●/●●
✻●/●/✻V✻✻✻/●●✻●/●●✻●/●●/✻●✻●/●●/●/●✻●/●●●V✻●✻
●/✻●✻✻/✻●/●●/✻✻●✻/●●✻/●/●●●V✻✻✻/●●✻V●✻✻●/●✻●/
✻✻✻/●●✻●/●●/✻/●/●●✻/●✻●/●●●V●✻✻●/●/✻●/✻●●/●✻/✻
●/✻V✻✻●✻/●●✻/●V●●●/✻✻✻/●✻●●/✻●●/●✻/✻/●●●V✻✻/●/
●●✻/●✻●/●/✻●/✻V●●✻●/●✻/●●/✻✻V●●✻●/●✻●/✻✻✻/●●/✻
●●V✻●●/●V✻✻●/●✻●/●✻/✻●✻●/●V●●●✻/●/●●✻/●●/●✻●●
/●✻●●/●/✻✻●●V●●✻/●●●/●/●✻●V●●/✻●/●●✻●/●✻●●/●●
✻/●/✻●/✻●✻●/●V●●●✻/●✻●V●●✻●/✻●V●✻/●●✻V✻●●/●●
✻●●/●●●/●/●●●/●✻✻●/✻✻✻/●●/●✻●V

Eh bien ! voilà qui m'avançait fort.

Un long moment, je scrutai cette kyrielle de signes en clignant des yeux comme un vieux hibou – dois-je rappeler que, dans les dernières vingt-quatre heures, j'avais dormi deux heures en tout et mangé moins qu'un canari ? Mon esprit, d'ordinaire plus vif, resta désespérément inerte.

Voyons, me dis-je pour finir, peut-être la double

feuille signifie-t-elle la fin de… de quelque chose, mais quoi ? Un mot ? Une phrase ?

Et la feuille solitaire ?

Peut-être représentait-elle une autre ponctuation, mais cela ne laissait pour signes que l'astérisque et le point – la fleur à cinq pétales et la rose. Et comment transcrire un message au moyen de deux signes seulement ?

Assurément, quelque chose m'échappait. Les couleurs, peut-être ? Les points de nœud au centre des fleurs en étoile ? Hé ! mais s'ils variaient d'une fleur à l'autre ?

Papier en main, je regagnai mon lit où s'étalaient toujours les rubans et me penchai sur les menus points de broderie, à peine discernables à la lueur de la chandelle – car à présent la nuit était tombée pour de bon.

Et, à mon insu, je fis comme elle et m'écroulai sur le lit, soûle de sommeil. L'instant d'après, je dormais tout habillée, un ruban de **••V••*/•••/ à la main.

CHAPITRE VIII

FLORRIE AVAIT DÛ, JE SUPPOSE, monter me voir dans ma chambre avant de rentrer chez elle, puis, constatant que je dormais et ne voulant pas me déranger, souffler les chandelles par mesure de sûreté. Ce qui expliquerait pourquoi, vers le milieu de la nuit, je m'éveillai dans l'obscurité complète.

En vérité, c'est ma carcasse – « ma personne », devrais-je dire, pour parler décemment – qui m'éveilla en s'insurgeant, protestant haut et fort que certain vide stomacal devenait intolérable et devait être comblé. Pestant tout bas et m'efforçant de retrouver qui j'étais et ce que je faisais là, je m'assis sur mon lit.

Puis je me figeai.

Mon estomac n'était pas le seul à protester.

La maison aussi protestait tout bas. Elle crissait; grinçait; craquait. Oh ! avec beaucoup de retenue, mais… là, tiens : *CRAC !*

Quelqu'un montait l'escalier.

Danger ! criait chacune de mes fibres, car jamais ces marches ne s'étaient plaintes aussi bruyamment sous le poids modeste de Mrs Tupper.

Et là ! Un nouveau crac ! parfaitement identique, signalant qu'une deuxième personne venait de mettre le pied sur la même marche revêche.

Deux intrus. Ils étaient deux. Deux qui gravissaient l'escalier de bois.

On est toujours ébloui de voir à quel point l'esprit, même dans l'épuisement, est capable de réagir vite sous l'aiguillon de la frayeur. En un éclair, silencieusement, je rassemblai à pleines poignées les rubans et bouts de papier étalés autour de moi sur le couvre-lit et, ces précieuses pièces en main, je me laissai glisser sur le plancher dans l'étroit espace entre lit et mur, à l'opposé de la porte.

À la seconde même où grinça le bouton de porte, je me plaquai contre le sol. Et la porte s'ouvrit.

Depuis ma cachette, je ne distinguais qu'une lueur blafarde, probablement celle d'une chandelle à mèche de jonc. À vrai dire, je n'avais qu'une obsession : ne pas bouger d'un pouce et retenir mon souffle tandis que les intrus inspectaient ma chambre.

« L' lit n'est même pas défait », constata une grosse voix au timbre grave, à fort accent cockney. « Elle a décampé, la locataire, à ce qu'on dirait.

– Peur des enlèvements, commenta l'autre. En quoi elle n'a peut-être pas tort. » Une inflexion distinguée pointait sous le sarcasme, et ce timbre de ténor n'était pas sans rappeler celui du gentleman qui avait hélé un fiacre dans mon dos quelques heures plus tôt. « Eh bien, ma foi ! puisqu'elle a levé le camp, prenons donc ses bougies. Elle n'en a plus l'usage, n'est-ce pas ? »

Ils firent main basse sur mes chandelles, qu'ils allumèrent avec mes allumettes. Le plafond s'éclaira et mon cœur crut défaillir. Mais ils quittèrent la pièce immédiatement ou presque, refermant la porte derrière eux.

Je repris mon souffle aussitôt, puis, sans bruit, je me relevai, retirai mes pantoufles et, sur la pointe des pieds, gagnai la porte pour y coller l'oreille.

Ils étaient dans la chambre de Mrs Tupper.

« … espèce de vieille soie bleue… jupe pas possible comme en portait ma grand-mère », raillait la voix distinguée, comme si fouiner dans la garde-robe d'une pauvre femme était une plaisanterie raffinée. « … m'a tout l'air d'être ça.

– Sûr. 'Ttendez, je défais le bas. »

Durant un long intervalle – à la mesure de la circonférence de la jupe –, je n'entendis plus que le bruit de l'étoffe déchirée, sans doute par la pointe d'un couteau. Puis le son se doubla de jurons, étouffés d'abord, mais bientôt plus sentis.

« Rrrien ! grondait l'éventreur d'ourlet.

– Rien, reconnut l'autre, plus amusé que furieux. Môssieur ne va pas être content. C'est le pigeon voyageur qui a dit que ça devait se trouver dans l'ourlet ?

– La vieille ? Parlez d'un pigeon ! Sait rien de rien, sourde comme une pioche, rien à en tirer. L'Oiseau lui a donné une robe, voilà tout ce qu'on a pu savoir.

– Bon, mais dans ces falbalas, il pourrait y avoir un papier, quelque chose de caché, non ? »

Nouveaux bruits de déchirure ; pauvre robe, mise en charpie ! Au moins, ils parlaient de Mrs Tupper au présent, donc elle devait être en vie. Cette pensée me rasséréna un peu – mais qu'allait-il advenir d'elle par la suite ?

« Rrrien ! enragea de nouveau le malfrat, avec un juron des bas-fonds qu'il n'est pas question de rapporter ici. M'sieur le comte va dire qu'on l'a blousé ! »

Monsieur le comte ? Leur chef, sans doute. Celui que j'appelais X. Ils n'avaient pas l'air de le porter dans leur cœur, tous deux.

« Bon, emportons la robe, déclara la voix aristocratique, qui semblait perdre patience. Il n'aura qu'à y regarder lui-même.

– On va avoir l'air fins, tiens, à sortir dans la rue avec une robe sous le bras !

– Une robe sous le bras ? Et avec une vieille dame dedans, hein, c'était mieux, hier, peut-être ?

– Pas pareil.

– Et en plein jour.

– Y avait pas grand monde pour nous voir.

– Et à cette heure-ci, qui va nous voir, à part des ivrognes et une ou deux grognasses ? »

Là-dessus, les pas revinrent droit vers moi, me glaçant les sangs instantanément. Mais ce n'était que le signal du départ ; aussitôt, ils obliquèrent vers l'escalier.

Qui va vous voir ? Moi, par exemple, répliquai-je en pensée, et malgré ma terreur, j'entrebâillai la porte pour tenter d'apercevoir les visiteurs. Ils avaient soufflé leurs chandelles et redescendaient à tâtons, mais lorsqu'ils passèrent devant l'œil-de-bœuf du palier, éclairé du dehors par un réverbère souffreteux, j'eus droit à une brève séquence de théâtre d'ombres.

La première silhouette me fit peu d'impression, mais je ne reconnus que trop bien le profil de la seconde – et c'est cet instant que choisit ma mémoire pour me restituer où et quand je l'avais déjà vu. Je fus à deux doigts de pousser un cri. Le bon sens me rappela juste à temps que l'instant était mal choisi.

Le bon sens, en revanche, eut beau me souffler que le plus sage était de me tenir coite, je décidai de ne pas l'écouter – pas quand il me semblait avoir une chance, en suivant ces deux hommes, de retrouver Mrs Tupper.

À la seconde même où je les entendis sortir dans

la rue, j'entrai en action. Dévalant l'escalier sur mes pieds en bas de laine, je ne fis qu'un bond jusqu'à la porte et l'entrouvris d'un pouce pour y coller un œil. Comme l'avait dit le voyou distingué, à cette heure de la nuit la rue était déserte, mais une voiture attendait devant l'humble demeure de Mrs Tupper. Et si peu vaillante que fût la flamme du réverbère, je pouvais distinguer un petit brougham[1] fort élégant, auquel était attelé un bien gracieux cheval. Les rayons des roues paraissaient jaunes. D'armoiries je ne vis point, ce qui ne signifie pas qu'il n'y en avait pas, car la portière était plongée dans l'ombre. Pour la même raison, je n'eus qu'une vision confuse des deux hommes qui se coulèrent à l'intérieur.

Mais je n'entendais pas me contenter de regarder ! Sitôt ces deux messieurs casés dans leur brougham, je sortis de la maison à mon tour, priant le ciel pour qu'aucun d'eux n'eût l'idée de regarder en arrière.

Dans les romans relatant ce genre d'épisode, le héros s'accroche à l'arrière du véhicule et, endurant le froid, les crampes et autres inconforts, il finit, à l'insu des méchants, par se retrouver sur les lieux où sa dulcinée est tenue captive.

Estimant que Mrs Tupper en valait bien autant,

1. Voiture à cheval, à deux ou quatre roues et à caisse basse.

je pris ma jupe à deux mains (dans l'action, les jupes longues sont une calamité) et m'élançai. Le brougham s'ébranla, le cocher ayant effleuré le cheval de son fouet, mais l'aimable créature à sabots ne s'était pas encore mise au trot lorsque je me jetai contre l'arrière du véhicule pour m'y plaquer – le crissement des roues sur le pavé masquant, du moins je l'espérais, le bruit de mon impact. Il ne restait plus qu'à m'y cramponner, comme s'il s'agissait d'un arbre énorme auquel grimper.

C'était plus facile à dire qu'à faire, car il n'y avait rien à quoi s'accrocher, aucune aspérité, pas la moindre prise digne de ce nom ! Mes pieds, mes doigts cherchaient en vain une saillie, une rainure, un pare-boue, une plate-forme à bagages... Si j'avais réfléchi trois secondes avant de sauter, j'aurais deviné que je ne trouverais rien de tel, car si les constructeurs de voitures avaient équipé leurs véhicules de pareilles commodités à l'arrière, tous les galopins des rues et tous les traîne-savates de Londres se seraient offert des transports gratuits. Las ! je n'y songeai que trop tard. Telle une grosse araignée sur un mur bien trop lisse, je me sentais glisser vers le sol à chaque cahot, chaque tour de roue.

Et bel et bien, moins de trente pas plus loin, j'étais par terre, ayant atterri sans dignité sur la partie charnue de ma personne. Je ne dirai pas ici avec quel cuisant dépit, assise dans les immondices, je regardai le brougham disparaître au petit trot.

Alors, meurtrie, la rage au cœur, sourde aux ricanements d'un ou deux « ivrognes et grognasses » s'étant délectés de la scène, je me relevai et rentrai au gîte.

Le restant de la nuit me vit forcer ma personne outragée à ingurgiter un peu de pain et de fromage, faire ma toilette, me changer dans une tenue tout aussi austère que celle de la veille et du même brun morne cher aux intellectuelles, puis, comme le jour se levait, m'attaquer derechef à l'énigme du message brodé. En vain. Ces étoiles et ces points étaient de l'hébreu pour moi.

Il me restait pourtant une dernière piste à suivre.

La première heure décente pour une visite mondaine me trouva à Mayfair, sur le seuil de la demeure de Florence Nightingale. Cette fois, c'est la jeune femme en robe de soie qui m'introduisit dans la place, et ce sans sourciller le moins du monde. Apparemment, on entrait ici à peu près aussi aisément que dans un moulin. Et dès neuf heures du matin, comme je pus le constater, les salons divers, salle à manger, bibliothèques et autres bourdonnaient de visiteurs partageant le thé et les scones[1], tandis que le « galapiat en knickers » s'élançait déjà vers les étages, un premier message à la main.

Étrange maison, vraiment.

Mais je ne pensais pas m'y attarder ce jour-là. Je me rendis tout droit dans le salon de devant – seul désert en cette heure d'agapes matinales –, celui dont les murs étaient garnis de cadres.

J'eus tôt fait de retrouver le portrait de profil que je souhaitais revoir et l'examinai d'un œil neuf. La plupart de ces créations en papier découpé ont tendance, tels leurs modèles – d'ordinaire des grands de ce monde –, à afficher des traits exagérés : trop de menton, trop de nez, voire les deux à la fois. Ce profil-là, au contraire, frappait par ses proportions idéales, conformes aux canons classiques, perfection si rare qu'elle en devenait singulière. Oui, s'il était possible d'identifier quelqu'un à partir de son profil, c'était ce que je comptais faire séance tenante.

De petit format comme la plupart de ces portraits dits à la silhouette, le tableau était accroché hors de ma portée. Rassemblant toute ma hardiesse – « Pense à Mrs Tupper, pense à elle… » –, je gagnai la salle à manger d'un pas assuré, y prélevai une chaise et repartis avec. Comme je l'espérais, dans

1. Sorte de petits pains au lait de forme ronde.

cette étrange maison nul ne parut se demander ce que j'étais en train de faire.

Je plaçai la chaise sous le tableau, me déchaussai pour me jucher sur le siège et décrochai l'objet de ma convoitise. Sitôt redescendue, je m'assis sur la chaise et retournai le butin afin d'en examiner l'envers.

Gagné : comme prévu, sur le papier brun à l'arrière du cadre, le nom du sujet était inscrit au crayon.

« L'Honorable Sidney Whimbrel, Embley, été 1853. »

1853 ?

Il y avait… plus de trente-sept ans ?

Alors ce ne pouvait être mon distingué malfrat. Trente-sept ans, les avait-il seulement ? Amère désillusion.

À propos, où donc était-il ce matin, le dénommé Profil Classique ? Apparemment, il ne m'avait pas suivie. D'un autre côté, s'il n'avait vu en moi que la locataire un peu trop curieuse de Mrs Tupper, et en avait à présent conclu que j'avais fui vers un nouveau gîte, il pouvait fort bien ne plus s'intéresser du tout à moi.

Quelle qu'eût été sa raison première de s'y intéresser.

Et quelle que fût son identité.

Voilà ce que valait ma géniale idée d'identifier un quidam à partir d'un portrait de profil !

Ravalant un soupir, je me relevai dans l'intention de raccrocher le cadre à sa place, mais c'est l'instant que choisit un petit groupe devisant gaiement pour faire irruption dans le salon. Alors, prise d'un début de panique, je me hâtai d'escamoter le tableautin en l'enfournant dans la petite serviette de cuir que j'avais à la main, accessoire indispensable à l'étudiante que je feignais d'être. En réalité, j'avais pris ce cartable pour y glisser – la capacité de mon corset ayant des limites – certains objets qu'il m'avait paru peu sûr de laisser chez Mrs Tupper. Certains rubans brodés, par exemple.

De retour dans le hall, je me retrouvai face à la bibliothèque, où l'intraitable Mrs Crowley trônait, tout sourires, derrière son bureau.

Qu'avais-je à perdre, m'avisai-je soudain, à tenter ma chance une nouvelle fois auprès de Florence Nightingale ? D'ailleurs, à la réflexion, je n'avais pas d'autre plan d'action. Pourtant, je me sentais vaincue d'avance. Je voyais mal quel tour de force, quel soudain trait d'éloquence pourrait me valoir la faveur d'un tête-à-tête avec la dame, et c'est contre mon gré, si j'ose dire, que je me traînai dans cette bibliothèque. La seule perspective d'aborder Mrs Crowley, de devoir rédiger un billet, d'attendre tandis qu'on allait le porter à l'étage…

Au diable cette procédure ! Au diable cette maison

en général, et au diable Florence Nightingale en particulier ! Quel tyran domestique elle devait être, quelle Maîtresse J'ordonne, avec sa prétendue fragilité ! Cette façon de communiquer par billets était incommode au possible ! Si cette femme avait les moyens que son train de maison laissait supposer, si elle tenait absolument à rester inapprochable tout en fourrant son nez dans les affaires du vaste monde – puisqu'elle avait, à en croire Mrs Crowley, son mot à dire sur toutes sortes de réformes d'État –, alors pourquoi ne s'arrangeait-elle pas pour faire au moins circuler ses fameux billets par le biais de tubes pneumatiques comme on en voyait dans les grands magasins ? Ou, mieux encore – l'absurdité de l'idée me fit sourire intérieurement –, pourquoi ne pas faire installer chez elle un système de télégraphie ? Oui, si cette dame voulait se prélasser dans son lit tout en envoyant des messages chez elle comme on le fait à longue distance, pourquoi ne pas les taper sur un de ces engins modernes qui faisaient *di di di dad dah di* ?

Soudain, j'éprouvai un tel choc – électrique est le mot – que j'en fus clouée sur place. « Nom d'un petit bonhomme ! m'écriai-je dans ma barbe. Du morse. »

CHAPITRE IX

Je n'avais fait que marmotter, mais plusieurs têtes se tournèrent vers moi. Je sentis mon visage prendre feu, malgré quoi, comme si de rien n'était, je gagnai d'un pas martial le fond de la salle où, la veille, j'avais repéré sur un rayonnage les vingt-quatre volumes de l'*Encyclopædia Britannica*, huitième édition, aisément identifiables et impossibles à confondre avec quoi que ce fût d'autre. Là, je me saisis du volume voulu, et allai m'asseoir avec ce butin à la table la plus proche – où les lecteurs déjà attablés s'écartèrent de moi en silence, soit pour me laisser courtoisement de la place, soit par crainte de quelque contagion. D'une main enfiévrée, je feuilletai jusqu'à la page requise et la parcourus en diagonale.

« Morse... code morse international... système de télégraphie... permet de transmettre un texte au moyen de séries d'impulsions... brèves et longues... alphabet conventionnel... traits et points... »

Sur la même page figurait une planche : Alphabet morse.

Eurêka ! Déjà, j'avais attribué le rôle de points aux roses miniatures. Les fleurettes en étoile ne pouvaient être que les traits.

Fébrile, je tirai de ma serviette la feuille de papier sur laquelle j'avais transcrit l'alternance de fleurettes brodées et me mis en devoir de décoder le message, processus lent et laborieux, car pour chaque lettre il me fallait parcourir des yeux toute la planche.

Point, trait : A. Petite feuille verte pour séparer de la lettre suivante. Point, point, point, trait : V. Nouvelle feuille. Trois traits : O. Feuille. Trait, point : N. Feuille. Trois points : S. Deux feuilles – ah ?

Fin de mot, pardi.

AVONS. Avons !

Au bout d'un certain temps, j'avais déchiffré cinq mots, AVONS PREUVE WREFORD VEND FOURNITURES, mais le plus gros du message restait à décrypter, et je me trouvais face à un choix difficile : soit je restais assise là, des heures durant, penchée sur cette tâche – et pendant ce temps le ciel seul savait ce qu'il advenait de Mrs Tupper ; soit je tentais ma chance, ma très mince chance, une fois de plus, de m'entretenir en tête à tête avec miss Florence Nightingale.

Très mince chance ? Et si j'avais à présent de quoi le décrocher, cet entretien ?

Ma décision fut tôt prise. Papier et crayon rangés dans ma serviette et volume Mag-Myr de l'*Encyclopædia* remisé sur son étagère, je marchai droit vers le bureau de la redoutable Mrs Crowley. Cette fois, lorsque je demandai à parler à Florence Nightingale et me vis proposer la petite écritoire avec son papier crème et son encre bleu nuit, c'est avec mon plus beau sourire que je m'en saisis.

Il serait inexact de dire que sur ce papier j'écrivis ; je « dessinai » serait plus juste. En hâte, et sans fioriture, je traçai ceci :

J'asséchai d'un coup de buvard cette brève missive non signée, la pliai avec soin, la remis à qui de droit, puis, tandis que le jeune gaillard en knickers se chargeait d'aller la porter là-haut, j'allai me poster au bas de l'escalier pour attendre la réponse.

Moins d'une minute plus tard, Galapiat dégringolait l'escalier et, un peu interloqué, m'annonçait : « Miss Nightingale dit qu'elle veut vous voir. Si vous voulez bien me suivre... »

Tout ce que j'avais élucubré au sujet de Florence Nightingale se révéla faux d'un bout à l'autre, je le découvris dans les minutes qui suivirent. Au dernier étage de la demeure, dans une chambre spacieuse où le jour entrait à flots par des fenêtres sans rideaux, elle m'attendait : une beauté à l'ancienne, bien en chair, à la douceur souriante, assise dans un grand lit garni d'oreillers rebondis, un édredon de soie sur les pieds. Ses cheveux coiffés en bandeaux lisses de part et d'autre d'une raie médiane, à la mode du temps de sa jeunesse, ne grisonnaient même pas ou fort peu, et son beau visage régulier était presque exempt de rides. En tout point elle rayonnait, à l'image de sa chambre baignée de soleil et qui n'avait pour fond sonore, loin du bourdonnement des étages inférieurs, que les chants d'oiseaux en provenance du jardin qu'on apercevait par les fenêtres ouvertes, havre de sérénité au cœur même de la ville de Londres.

Et c'est en toute sérénité que miss Nightingale m'accueillit: « Je vous en prie, mettez-vous à l'aise. »

Du geste, elle m'indiquait un fauteuil de l'autre côté du lit, agréablement placé côté fenêtres. Et c'est sans se gêner le moins du monde qu'elle me suivit des yeux, m'observant de la tête aux pieds, tandis que je contournais le pied de lit pour aller m'asseoir dans ce fauteuil.

« Je m'attendais à voir venir quelqu'un de considérablement plus âgé, fit-elle observer sans plus d'entrée en matière. Étant donné ceci... » D'une main légère, elle brandissait le feuillet de papier crème sur lequel j'avais écrit, en code morse floral: S.O.S. « Comment se fait-il que vous connaissiez mon alphabet de fleurs ? Mais d'abord, je vous prie, comment vous appelez-vous ? »

Étonnante personne, toute de courtoisie et cependant pure franchise et allant droit au but. Du coup, c'est sans détour que je lui répondis : « Si je vous fournissais un nom, miss Nightingale, il me faudrait l'inventer. Or, pour le moment, je ne me sens pas la force de jouer à ce jeu. »

Elle acquiesça en silence, comme si c'était là une réponse des plus banales. Elle portait sur la tête, très en arrière du front comme pour laisser voir ses beaux cheveux bien rangés, une sorte d'étrange coiffe blanche nouée sous le menton, qui retombait en cascades de dentelle sur le velours de sa liseuse. Et cette coiffure singulière acquiesçait avec elle, gravement.

« Vous êtes en détresse, je le vois », me dit-elle d'une voix égale. Je n'allais pas tarder à apprendre que c'était l'un de ses traits légendaires : jamais elle ne haussait le ton. Jamais elle ne l'avait fait, pas même durant ses rudes années, là-bas, en Crimée. « Et il semblerait que vos soucis aient quelque rapport avec moi ?

– Ce n'est pas impossible », lui dis-je et sans plus attendre, de la façon la plus concise possible, je résumai pour elle les circonstances de l'enlèvement de Mrs Tupper, à commencer par la lettre de menace,

PIGEON VOYAGEUR, DÉLIVRE IMMÉDIATEMENT TON MESSAGE POUR CERVELLE D'OISEAU OU TU REGRETTERAS D'AVOIR PU QUITTER SCUTARI. La missive avait disparu en même temps que mon infortunée logeuse, mais elle m'avait tant frappée qu'elle était restée gravée dans mon esprit. De même, j'avais encore en tête ce qu'avaient vociféré les barbus aux oreilles de Mrs Tupper, à en croire Florrie : « Vous étiez espionne pour l'oiseau ! »

« L'Oiseau. C'est bien ainsi que m'appelaient mes opposants, commenta sobrement miss Nightingale. Et sur les dessins humoristiques, les caricatures politiques, j'étais représentée en oiseau. »

Elle parlait d'un ton absent et je ne voyais plus que son dos, car, vers la fin de mon récit, elle s'était tournée de côté pour farfouiller dans je ne savais quoi. Sans doute est-il temps de préciser que son lit était un meuble impressionnant, très certainement fait sur mesure, comportant une tête de lit aménagée en bureau avec toutes sortes de casiers emplis de papiers bien rangés, tandis qu'à son chevet, sur une table juponnée de vert, s'entassaient d'autres papiers autour d'une lampe électrique – une lampe électrique ! Décidément, c'était la maison des surprises. D'un autre côté, je suppose, elle tenait tant à mener à bien ses fameuses réformes que pour surmonter son handicap elle était prête à toutes les dépenses, et prête aussi à écrire la nuit. J'avais d'ailleurs relevé que ses mains, qui semblaient plus âgées que son visage, avaient pris une forme de croissants, peut-être à force de tant écrire.

Ayant trouvé ce qu'elle cherchait, un message sur papier crème, elle se retourna vers moi et me le donna à lire : « Le temps presse, je vais droit au but. Une femme âgée a été enlevée », etc. Mon billet de la veille.

« Oui, lui dis-je. C'est moi qui ai écrit ceci.

– Et je vous ai répondu en toute sincérité, chère enfant. Je n'ai simplement aucun souvenir d'une Mrs Tupper. »

Alors, ouvrant mon cartable, j'en tirai la photo de mariage de ma logeuse, que j'avais prise avec moi dans l'idée que, peut-être, elle pourrait m'être utile.

Miss Nightingale la considéra un instant, puis sa bouche s'arrondit en un O très doux.

« Vous la reconnaissez, maintenant ?

– Oui… oui, je la reconnais. J'avais oublié, parce qu'elle ne faisait pas partie de mes messagers habituels. J'ai dû lui faire confiance une fois, une seule, dans une situation d'urgence. Mais le message que je lui avais confié n'a pas été délivré, et je n'ai jamais su pourquoi ni ce qu'il était advenu d'elle.

– Et donc *vous*, vous faisiez de l'espionnage, murmurai-je, impressionnée. En tout cas, vous envoyiez des messages codés.

– Dans l'armée, les officiers me combattaient ferme, répondit-elle d'une voix douce. Eh oui ! ils guerroyaient contre moi, en tant que femme et issue du civil, avec plus de zèle encore, plus de passion qu'ils n'en mettaient à combattre l'ennemi russe. Alors je me défendais.

– Mais je croyais que vous et vos infirmières étiez là-bas pour vous rendre utiles ! »

Elle eut un sourire un peu triste.

« Pour nous rendre utiles, oui. Pour secourir. Mais les officiers et les médecins militaires nous voyaient surtout comme des gêneuses, comme autant de menaces pour leurs occasions de prendre du bon temps – pique-niques et ripailles, parties de polo, courses de chevaux et j'en passe. En quoi ils n'avaient pas tort. Pour ma part, j'avais cette idée insensée que le premier rôle des officiers était d'assurer la santé et le bien-être de leurs hommes, et que celui des médecins militaires était de soigner les mal portants.

– Vous voulez dire… Ils ne le faisaient pas ?

– Les médecins – les chirurgiens – excellaient à amputer les blessés, mais jamais ils ne mettaient le pied dans une salle d'hôpital, ils avaient trop peur de contracter les vilaines fièvres qui rôdaient là. Faute de surveillance, les subalternes en faisaient le moins possible, allant jusqu'à s'exempter de corvée de popote. Et donc, dans ces hôpitaux de campagne, ceux qui souffraient le plus ne pouvaient compter que sur leurs compagnons de misère. Les grabataires gisaient dans leurs salissures. Les couvertures, quand il y en avait, grouillaient de poux... » Miss Nightingale se tut brusquement, comme pour s'arracher à un passé tragique et retrouver un présent alarmant. « Dites-moi, jeune amie sans nom : qu'est donc devenu ce message que j'essayais de faire parvenir à lord Whimbrel ?

– Lord Whimbrel ? répétai-je stupidement.

– Oui, Sidney Whimbrel. Un véritable homme d'État, lui. Et le meilleur de mes alliés... »

Incroyable. Je venais juste d'admirer son profil en ombre chinoise !

« ... Sans lui, aucune de mes réformes n'aurait pu voir le jour. Il était écouté de la reine. Voilà des années qu'il n'est plus de ce monde, mais son nom et son honorabilité doivent absolument être préservés. Sauriez-vous où pourrait se trouver ce message qui s'est égaré ?

– Si c'est celui qui était cousu à la crinoline de Mrs Tupper, il est en ma possession. »

Renonçant pour la première fois à se tenir assise bien droit, Florence Nightingale se laissa aller contre ses oreillers, les yeux sur moi. D'un salon de musique situé juste au-dessous nous parvenaient des notes de piano. Quelqu'un jouait du Mozart.

« Vous êtes fine mouche », me dit enfin miss Nightingale, sur un ton qui ne laissait percer ni le reproche ni l'éloge. « Fort bien. Vous disposez de ce message qui s'était perdu, peu importe comment. Je souhaite vivement le récupérer, afin d'éviter un scandale.

– Un scandale ?

– Les réformes auxquelles j'ai consacré ma vie sont enfin acceptées et en bonne voie de réalisation, les anciennes querelles oubliées. Raviver le passé à ce stade mènerait à un désastre. Pourquoi voudriez-vous…

– Moi ? Je ne veux rien, je ne me mêle pas de politique. Je veux seulement savoir qui a enlevé Mrs Tupper !

– Je n'en ai pas la moindre idée, malheureusement. Pourtant, je tiens à le découvrir, moi aussi. Peut-être autant que vous, car si elle révélait le contenu de ce message…

– Elle ? coupai-je vivement mon hôtesse, son impassibilité étant au-dessus de mes forces. Pas de danger ! Mrs Tupper est dure d'oreille, pour ne pas dire sourde comme un pot, la malheureuse ; de sorte que je la vois mal comprendre ce que ces gens attendent d'elle. Sourde, elle l'était déjà le jour où vous lui avez confié votre message malchanceux.

– Ooh », fit-elle, et sur ses traits, je vis passer une émotion brève. « Comment ai-je pu... Mais je lui avais fourni une carte avec l'adresse...

– Elle a du mal à lire, vous savez. Et plus encore les écritures manuscrites.

– Dieu du ciel. Moi qui étais persuadée... Où donc avais-je la tête ? »

Je me radoucis un peu. « Vous étiez dans l'urgence. Vous aviez d'autres chats à fouetter. Quoi qu'il en soit, Mrs Tupper, elle me l'a dit, n'a pas saisi le sens de ce que vous lui expliquiez. On peut aisément supposer qu'elle ne voyait pas trop à quoi servaient ce nom et cette adresse, et sans doute ne s'est-elle même pas rendu compte qu'elle était porteuse d'un message. En ce moment même, les canailles qui l'ont enlevée achèvent de mettre en pièces la robe que vous lui aviez donnée, à la recherche d'un bout de papier. À présent, dites-moi, je vous en supplie : qui donc sont ces gens ? »

Elle répéta : « Je n'en sais rien.

– Mais vous pourriez au moins tenter une hypothèse !

– Le jeune lord Whimbrel venant tout juste d'entrer à la Chambre des lords, on peut imaginer que ses ennemis tentent d'obtenir ce témoignage du passé dans le but de salir le nom de sa famille, de l'accuser d'espionnage, de trahison, que sais-je ? Mais tout aussi bien, ce pourrait être l'un des amis ou descendants des officiers mentionnés dans le message, si ma mémoire est bonne. En fait, il serait difficile de nommer une seule des parties concernées qui ne veuille *pas* mettre la main dessus aujourd'hui – moi la première. »

L'aveu était si désarmant qu'il me convainquit définitivement : miss Nightingale était sincère, et donc hors de cause pour ce qui concernait l'enlèvement.

« Encore une fois, reprit-elle, en toute franchise, je ne sais pas. Mais je saurai. » C'était dit d'un ton tranquille, le ton assuré de quelqu'un qui parvient toujours à ses fins. « D'ailleurs, j'ai déjà pris des dispositions en ce sens.

– C'est-à-dire ?

– Lorsque j'ai reçu votre billet, hier matin, il m'a rendue soucieuse. Oui, j'avais beau ne plus replacer cette Mrs Tupper, l'allusion à Scutari m'a énormément tracassée. En conséquence, ayant en tête le nom d'un détective privé d'excellente réputation, j'ai demandé qu'on me l'amène ce matin même. Il devrait être ici d'un instant à l'autre. »

Détective privé ? D'excellente réputation ? Elle aurait pu tout aussi bien m'étrangler de ses mains. Je la voyais m'observer en silence, intriguée mais pas désarçonnée le moins du monde.

« Qui est ce détective ? parvins-je à murmurer.

– Vous feriez mieux de me dire votre nom, chère enfant, car je finirai par le découvrir. Ce gentleman s'en chargera pour moi, sans nul doute. Il se nomme Mr Sherlock Holmes. »

CHAPITRE X

SHERLOCK, MON FRÈRE ? Ici d'un instant à l'autre ? S'il me voyait... !

Mon aimable lecteur voudra bien se rappeler qu'à ce stade j'étais sur le pied de guerre depuis plus de trente-six heures déjà, l'estomac creux, presque sans sommeil, mais à vrai dire ce n'est pas une excuse. J'aurais dû me raisonner, en appeler à la logique. Je ne fis ni l'un ni l'autre.

J'ai honte de le confesser, mais, disons-le tout cru, je pris panique. Avec une sorte de jappement, je sautai sur mes pieds, une seule idée en tête : fuir. Sans un mot, sans un au revoir, je m'élançai pour contourner le lit de miss Nightingale et gagner la porte...

Mais c'est alors que, fort lestement, elle repoussa ses couvertures et sauta sur le plancher de l'autre côté du lit, ses pieds roses et dodus aussi agiles et sûrs, sous l'ourlet de dentelle, que ceux d'un sprinteur dans ses baskets. Trois enjambées plus tard, le dos contre la porte, elle m'en bloquait l'accès.

Cet événement singulier – une invalide me barrant la route – produisit sur moi un effet de choc. Ma fuite irraisonnée stoppée net, je me retrouvai toute bête au milieu de la pièce, un peu comme on s'éveille d'un rêve.

« Mais que craignez-vous donc tant ? » s'enquit miss Nightingale.

Dans le même temps, je bafouillai : « Hé ! que faites-vous au lit, si vous pouvez marcher ?

– Seigneur, se récria-t-elle, l'impertinence de la jeune génération ! » Mais sa voix douce et grave n'avait pas varié d'un demi-ton. « Regagnez votre fauteuil, enfant, que je vous explique les choses. »

Un peu confuse, j'obtempérai.

« À mon retour en Angleterre, voilà si longtemps, après deux longues années exténuantes à Scutari », commença mon hôtesse en retapant ses oreillers, « je me suis totalement effondrée. J'étais tellement épuisée que j'ai cru y laisser la vie. » Ce qui me paraissait plausible : n'avait-elle pas déjà dans les trente-cinq ans à l'époque ? « Mais les mois ont passé, puis les années, et non seulement j'étais encore en vie, mais une fois de plus plongée dans une bataille à mener, celle d'une réforme désespérément nécessaire – les hôpitaux, les soins infirmiers, je ne vous dis pas ce qu'il en était alors. Et il y avait tant à faire, tant de choses si importantes… »

Brusquement, rebelle moi-même, je crus comprendre. « Et vous n'aviez aucune envie de perdre votre temps en mondanités », hasardai-je.

Les femmes de son rang étaient censées se rendre perpétuellement en visite les unes les autres, se changer pour dîner, recevoir des invités, aller au théâtre et ainsi de suite en un tourbillon sans fin, du jour de l'An à la Saint-Sylvestre, passant le plus clair de leur temps à jouer ce rôle aussi prenant que vain. Et cela s'appelait « tenir sa position dans la société », figuration qui me faisait songer à ces plats à étages multiples, en argent ou en porcelaine, qu'on pose au centre des tables et qui ne servent strictement à rien.

« Exactement », dit-elle, me considérant d'un regard pensif comme si elle me découvrait soudain, et quelque chose passa entre nous. « À présent, je vous ai livré mon secret ; vous devez me confier le vôtre. Pourquoi me cachez-vous votre nom, et pourquoi craignez-vous tant Mr Sherlock Holmes ? »

J'aurais donné cher pour pouvoir tout lui dire d'un trait : Sherlock était mon frère, un aîné que j'adorais ; il était la personne au monde avec qui j'aurais le plus ardemment souhaité pouvoir discuter, converser en toute confiance. Sherlock, pour moi – sans compter Mère, absente –, Sherlock *et* Mycroft étaient tout ce qu'il me restait comme famille. Hélas, leur point de vue masculin, pour ne pas dire leur aveuglement masculin, les portait à se persuader qu'il était de leur devoir de me placer en pension dans quelque institution pour jeunes filles de bonne famille, où on m'embrigaderait, où on ferait de moi... très exactement ce que miss Nightingale avait refusé d'être. Par conséquent, je ne voulais pas, surtout pas, tomber entre les mains de ces deux-là.

Voilà ce que j'aurais tant aimé pouvoir confier à la très sage Florence Nightingale, mais je sentais bien que c'était exclu. Aussi me contentai-je de lui avouer: « Je redoute terriblement qu'il découvre qui je suis. »

Ce qui était la stricte vérité, quoique pas toute la vérité. Dans le même temps, désespérément, je cherchais à improviser quelque mensonge plausible, mais en cet instant critique mon imagination semblait m'avoir désertée. Je ne voyais vraiment plus que dire d'autre.

C'est alors que, comme par miracle, miss Nightingale elle-même me fournit le scénario voulu. D'une voix très douce, elle suggéra: « Il me semble que le souci que vous vous faites pour, euh, Mrs Tupper est peut-être un peu… un peu inattendu, si réellement Mrs Tupper n'est que votre logeuse, non ? »

Oh, bonté divine ! Elle me prenait pour une enfant illégitime, cherchant à protéger son père – homme de la haute société, sans doute – d'un scandale assuré s'il se révélait que…

Mrs Tupper. Quelle absurdité ! Cette brave Mrs Tupper, sourde et près de ses pauvres sous, ma *mère* ?

Et cependant, était-ce si absurde ? À sa manière, ma chère vieille logeuse était pour moi une mère et même, dans un certain sens, elle l'était plus que celle que j'appelais par ce nom...

Je n'eus pas besoin de mentir. Sans préavis, une blessure non cicatrisée et trop longtemps niée se rouvrit. Je ne sentis rien venir, mais je m'aperçus que je pleurais. Et mes larmes tinrent lieu de réponse.

Avec un sens pratique manifeste, miss Nightingale se détourna vers sa table de nuit, dont l'un des tiroirs, à l'évidence, contenait une réserve de mouchoirs de lin bien repassés, ourlés de dentelle, car elle m'en tendit un sans un mot.

Puis, lorsqu'elle me vit un peu calmée, elle me dit pour me rassurer : « Chère enfant, sachez-le, Mr Sherlock Holmes est réputé être la discrétion même. »

Mais je fis non de la tête et me relevai de mon fauteuil, me souvenant cette fois de reprendre ma petite serviette de cuir que j'avais failli laisser là !

« Vous voudrez bien m'excuser, j'en suis sûre. »

Fort obligeamment, elle me laissa partir.

La tête un peu vide, j'allai droit vers l'escalier par lequel j'étais arrivée.

Grave erreur. J'aurais dû, à l'évidence, chercher plutôt l'escalier de service, descendre par cette voie discrète réservée aux domestiques et sortir ainsi par l'arrière de la demeure, puis par le jardin. Mais je n'avais pas tous mes esprits. Tel un étourneau je me jetai dans cet escalier, reprenant en tout point l'itinéraire par lequel on m'avait conduite là-haut – à travers la salle de musique, le boudoir –, et c'est tout aussi précipitamment que je commençai de dévaler les marches de marbre descendant vers l'étage principal…

« Mais présentement, miss Nightingale a de la visite, protestait courtoisement une voix juste au-dessous de moi. Et de toute manière, elle ne reçoit jamais qu'une seule personne à la fois.

– Elle va devoir faire exception cette fois… » répliqua une voix familière et qui me fit tressaillir.

Je m'arrêtai si brusquement que je faillis piquer du nez. Je me rattrapai à la rampe, les jambes molles.

« … car, voyez-vous, poursuivait la voix connue, Watson est mon indispensable assistant dans ces affaires. »

Sherlock ! Et le bon Dr Watson, bien sûr, tous deux au bas de cet escalier ! Face à ce brave Galapiat qui tentait de leur faire comprendre que seul Mr Holmes pouvait être admis là-haut.

Et moi, sur le palier intermédiaire, à moins de vingt marches au-dessus d'eux, j'étais plantée pleinement en vue et dans le plus complet désarroi, bouche entrouverte à la façon d'un merlan bouilli.

Le Dr Watson, par bonheur pour moi – car il eût été en mesure d'en dire long à mon frère, s'il m'avait seulement reconnue –, regardait dans une autre direction, du côté de l'un des salons, fasciné peut-être par la présence de Mr Gladstone.

Mais le regard de Sherlock s'envola vers moi et je le vis instantanément se concentrer. « Enola !? »

Sans détacher mes yeux de lui mais ne pouvant rester piquée là, j'amorçai une retraite à reculons, remontant marche après marche.

« Enola ! répéta mon frère sans bouger d'un pouce. Arrêtez. Attendez. N'ayez pas peur. Je vous en prie. »

Mais je n'entendis ces mots qu'avec un temps de retard, ou plus exactement j'entendis leur écho à travers mes pensées en tourbillon, car déjà, tournant les talons, je fuyais comme un daim. Boudoir, salle de musique, je revins sur mes pas en trombe, et alors seulement, dans ma panique aveugle, je m'avisai qu'il y avait forcément quelque part un escalier de service, mais où ? J'avais beau tourner, tournicoter – du piano à queue aux fauteuils à oreilles, en passant par la table à pied central –, j'avais beau ouvrir toutes les portes, je ne trouvais que placards, cagibis, vestibules, et pendant ce temps-là j'entendais se rapprocher le pas énergique de mon frère et sa voix se faire moins patiente : « Enola ? Enola !

Au diable cette gamine, où donc est-elle passée ? » Manifestement, il avait écarté de son chemin le malheureux Galapiat, et Watson avait dû faire de même. Ils étaient à deux contre un, mais cette pensée me donnait des ailes. Des portes s'ouvraient, claquaient. « Enola ! »

Et brusquement, avec la chance des simples d'esprit, je tombai sur un petit escalier en colimaçon. Idéal pour moi, à ce détail près qu'il ne menait que vers les hauteurs ! Je montai donc – pour me retrouver d'où j'étais partie : devant la porte de la chambre de Florence Nightingale.

Sans presque hésiter, je l'ouvris, me propulsai dans la pièce et refermai la porte derrière moi.

Les jambes sous son édredon de soie, miss Nightingale s'informa de sa voix douce : « Juste ciel, que se passe-t-il donc ? »

Sans répondre, mais m'avisant que la clé se trouvait de ce côté-ci de la serrure, je commençai par condamner la porte. Puis je traversai la pièce en coup de vent, contournant le grand lit de Florence Nightingale, pour gagner l'une de ces fenêtres qui ouvraient si joliment sur la cime des grands arbres du jardin. Ce faisant, j'étais déjà en train de détacher ma ceinture pour la passer dans la poignée de ma petite serviette de cuir. Par bonheur, j'avais franchi le stade où la peur vous fait tâtonner ; au contraire, elle m'insufflait énergie et dextérité. Tout en rebouclant ma ceinture, mon précieux bagage à présent arrimé à ma taille, j'inspectai l'extérieur à la recherche d'une voie d'évasion. Ma décision ne tarda pas. Passant à la fenêtre voisine, je l'ouvris en grand.

« Enola ! » La poignée de la porte grinça, puis s'agita frénétiquement.

Miss Nightingale aurait pu, bien sûr, se lever et aller ouvrir. Elle n'en fit rien. Elle resta où elle était, me regardant, je suppose, m'asseoir sur le rebord de la fenêtre, l'enjamber, puis m'élancer comme un singe vers une grosse branche toute proche.

Mes doigts trouvèrent le bois ; mes mains s'agrippèrent. J'étais à présent dans la ramure, trois étages au-dessus du sol, et en d'autres circonstances j'aurais accordé à la situation un examen plus approfondi, mais en l'occurrence le temps me manquait et je ne perdis pas une seconde. À la façon d'un singe encore, je lançai mes jambes dans le vide, à la recherche d'un appui en contrebas, mes pieds trouvèrent la branche du dessous et de là, prudemment, je me rapprochai du tronc. La suite présentait moins de risques, ce marronnier salvateur étant branchu à souhait et, pour finir, de branche en branche, je me laissai tomber lourdement sur le sol. De là, à toutes jambes, je traversai un petit potager, passai sous une tonnelle garnie d'une treille, puis derrière un cabinet d'aisance, enfin sous un boqueteau de tilleuls. Et voilà ! j'avais atteint la grille de fer forgé de la demeure, perchée sur son muret de pierre. Comme je l'enjambais, j'entraperçus miss Nightingale, aisément identifiable à sa coiffe blanche en arrière de la tête, penchée à la fenêtre de sa chambre, celle-là même par laquelle j'avais fait ma sortie. À cette distance je ne pus certes pas lire sur ses traits, mais il me sembla qu'elle m'observait sans émoi.

Du Dr Watson ni de mon frère je ne vis le moindre signe.

À distance suffisante du danger – c'est-à-dire dans le métro, qui brinquebalait le long d'un tunnel enfumé, noir comme un four et semblant mener tout droit en enfer –, je m'offris le luxe de faire le point.

Et maintenant, Enola, hein ?

La situation n'avait rien de brillant.

À l'instant même, force était de l'admettre, mon cher frère était sans nul doute en conciliabule avec cette bonne miss Nightingale, et fort occupé à reconstituer tout un pan de puzzle. Il allait informer miss Nightingale que j'étais sa jeune sœur en fugue. Elle allait lui révéler que la Mrs Tupper portée disparue n'était autre que ma logeuse. Dieux du ciel !

Avec une terrible impression de naufrage, je découvrais que, tout simplement, il n'était plus question pour moi de loger chez Mrs Tupper, puisque Sherlock, dans son enquête, allait immanquablement retrouver son adresse.

En conséquence, j'étais sans logis.

Sans logis, et sans refuge, car si j'étais prise en filature – ce qui n'allait pas manquer d'être le cas, très vite, d'abord par mon aîné, ensuite par l'aimable sujet de Sa Gracieuse Majesté surnommé Profil Classique –, je ne pouvais prendre le risque de mener mes suiveurs au cabinet du Dr Ragostin.

J'étais donc sans point de chute aucun.

Et sans plan d'action non plus.

Rarement je m'étais sentie aussi démunie.

Suffit, Enola. T'attendrir sur ton sort ne te mènera nulle part.

Cette voix intérieure, c'était la mienne, bien sûr. Mais d'une certaine manière, c'était celle de Mère aussi. Même si je ne devais plus jamais la revoir, elle vivait en moi de cette façon.

Tu es en danger de perdre ta liberté, certes ; mais Mrs Tupper, elle, est en danger de mort. Tu te tracasseras pour toi quand tu l'auras retrouvée, elle.

Je respirai un grand coup l'air âcre et confiné du métro, puis je fermai les yeux.

Et maintenant, réfléchis un peu.

Fort bien.

Qui avait pu enlever Mrs Tupper ? Selon miss Nightingale, n'importe laquelle des « parties concernées » pouvait désirer mettre la main sur le message qu'elle avait détenu à son insu, et ce afin d'empêcher un scandale.

Mais quelles « parties concernées » ? Quel scandale ?

Et quel événement nouveau éveillait leurs craintes de scandale ? Mrs Tupper avait mené sa petite vie tranquille plus de trente ans d'affilée avec cette crinoline cryptée au fond de son armoire-penderie. Pourquoi donc, d'un seul coup, pareil remue-ménage ?

Je n'en avais pas la moindre idée.

En revanche, grâce à ma petite serviette de cuir – depuis longtemps libérée de ma ceinture –, j'avais toujours le message sur moi.

La première chose à faire tombait sous le sens : achever de le décoder.

CHAPITRE XI

IL ME FALLAIT DE NOUVEAU un exemplaire de l'alphabet morse.

Où en trouver un ? Au British Museum ? Hum ! Repaire de vieux bonshommes. Non, il me fallait un havre, un sanctuaire. Il me fallait aussi, et d'urgence – n'ayant pas touché à un seul de ces scones qui avaient pourtant senti si bon chez miss Nightingale –, quelque chose à me mettre sous la dent.

Pour finir, mon esprit acceptant enfin de fonctionner convenablement, une idée me vint qui me parut si bonne que j'en souris malgré moi. Sortant du métro à la station voulue, je me trouvai un recoin discret où redonner un peu d'ordre à ma tenue et à ma coiffure, puis je me remis en route le long des rues de Londres, l'œil vigilant. Mais apparemment nul ne me suivait, ni beau malfrat ni grand gentleman au nez aquilin.

De retour sur une artère fréquentée, je hélai un fiacre.

« High Street », dis-je au cocher, car je ne souhaitais pas crier sur les toits ma destination précise.

Peu après, avec un soupir de soulagement, je pénétrai dans le premier « Club de femmes de carrière » de Londres, et peut-être même du monde. Je n'y avais jamais mis les pieds jusqu'alors – femme de carrière, l'étais-je, même si je me flattais d'être déjà presque professionnelle ? –, mais j'avais lu des articles élogieux sur ce lieu. De même que les clubs pour messieurs n'admettaient pas de femme entre leurs murs, de même cette petite forteresse était interdite à la gent masculine. Mais tandis que les premiers exigeaient de leurs nouveaux membres d'être parrainés par des membres admis, le Club de femmes de carrière était démocratiquement ouvert à toute femme pouvant s'acquitter du droit d'entrée – assez substantiel au demeurant, et propre à décourager les postulantes des couches populaires.

Ayant dûment réglé le montant de mon inscription et reçu ma carte de membre, j'entrai dans la place, inventoriai d'un coup d'œil les divers conforts offerts par ce sanctuaire, saluai d'un signe de tête celles de mes semblables dont je croisai le regard (les plus jeunes, notai-je aussitôt, dans une tenue très proche de la mienne), commandai un thé et des sandwichs, après quoi je pris place à une table de la bibliothèque, le volume Mag-Myr de l'*Encyclopædia* devant moi.

Quelques heures, plusieurs thés et un second plateau de sandwichs plus tard,

●✲/●●●✲/✲✲✲/✲●/●●●V etc.

était devenu ceci :

AVONS PREUVE WREFORD VEND FOURNITURES MARCHÉ CONSTANTINOPLE. DEMANDÉ INTERVENTION CRUIKSHANKS, HALL, RAGLAN, SANS EFFET. OFFICIERS CYNIQUES OU PROFITEURS PENDANT QUE SOLDATS MEURENT FAIM FROID. DE GRACE VEUILLEZ USER INFLUENCE VR. FN AU DÉSESPOIR.

FN, bien sûr, c'était Florence Nightingale, et VR, Victoria Regina – autrement dit, la reine Victoria. Mais Wreford ? Cruikshanks ? Hall ? Raglan ?

Une recherche à « Crimée (guerre de) », toujours dans l'*Encyclopædia*, m'apprit que, dans ce conflit, Cruikshanks avait été un général ; Hall, le médecin chef des armées ; Wreford, le remarquablement inefficace fournisseur des armées ; et Raglan, le commandant en chef des forces anglaises, homme charmant mais d'une compétence douteuse dans cette boucherie – comme en faisait foi la fameuse « charge de la brigade légère » immortalisée par Tennyson, qui avait vu des centaines de cavaliers se jeter au galop dans la mort par suite d'une erreur de commandement.

Une enquête méthodique sur chacun de ces hommes se révéla décevante : tous, comme lord Sidney

Whimbrel, avaient quitté ce bas monde et ne pouvaient donc plus être interrogés ni soupçonnés.

À présent, que faire ?

Les idées n'étaient pas légion, et une fois de plus, j'avais l'impression que mes pensées tournaient à vide. Ou plutôt qu'elles tournaient en rond autour d'une hantise : celle de voir mon frère Sherlock, contre toute probabilité, se jeter sur moi à la seconde même où je ressortirais à l'air libre. Si perturbante était cette appréhension que rester assise devint impossible. Je me mis donc à rôder à travers les pièces de ce club distingué – salle de lecture, salle de jeux de société, salon de thé et autres. Insensible au charme du décor à tendance orientalisante, j'élaborais dans ma tête les scénarios les plus échevelés impliquant mon frère Sherlock, Florence Nightingale, mon frère Mycroft, le Dr Watson, Scotland Yard, des magistrats à perruque blanche et de sinistres directrices de pensionnat…

Enola, ma parole, tu dérailles. Et Mrs Tupper ? C'est à elle qu'il faut songer.

Me concentrer. Réfléchir. Pour ce faire, comme toujours, il me fallait coucher mes idées sur le papier.

Je pris donc le siège le plus proche – un sofa de chintz fort élégant, car je me trouvais présentement dans un petit salon des plus charmants, où sept ou huit dames d'un âge certain faisaient conversation à mi-voix – et, tirant de ma serviette de quoi écrire, je me mis à griffonner à toute allure.

– Où peut bien être Mrs Tupper ?
– À qui appartenait le brougham dans lequel elle a été enlevée ?
– Dans quel but a-t-elle été enlevée ? Pour se faire interroger par qui ?
– Qui peut bien être Profil Classique ?

Questions plutôt sottes, je le reconnais, mais d'une part, je crois l'avoir dit, j'avais les pensées en débandade, et d'autre part j'étais distraite par les échanges paisibles qui se déroulaient à portée d'oreille. Par exemple, une femme de grande taille, en robe ample et souple de style « mouvement esthétique[1] », aux cheveux gris librement éployés dans son dos, disait à ses compagnes : « Pauvre cher Rodney, si bon garçon, si débordant des meilleures intentions, mais manquant tellement d'assurance et d'aplomb ! Alors que son cadet…

– On peut se demander, faisait observer une autre avec un petit rire, quelle loi de l'évolution nous vaut ce paradoxe : c'est l'aîné qui hérite les titres et les

1. Style farouchement opposé à la mode victorienne corsetée, et privilégiant les formes fluides, les teintures naturelles, les talons plats et les cheveux détachés.

pouvoirs, mais le tempérament et le sens de l'initiative se retrouvent plutôt chez le cadet.

– La loi de l'évolution n'y est pour rien, très chère. Simplement, ce qui est inique, c'est notre droit d'aînesse.

– Le plus triste, enchaînait une autre de ces dames à cheveux argentés, c'est que Rodney tend à adopter toutes les suggestions de Geoffrey. Sans compter que l'esprit d'initiative de Geoffrey ne s'exerce pas toujours dans la meilleure des directions, si j'en crois ce que j'en entends dire, de source bien informée. Quant à son tempérament… »

Bon sang, mais que faisais-je à prêter l'oreille aux bavardages de personnes dont j'ignorais tout, alors qu'il me fallait ré-flé-chir ? Cependant, je ne parvenais pas à m'abstraire. J'aurais dû aller m'asseoir plus loin, je le savais ; je n'en faisais rien.

Une belle voix grave et digne intervint à son tour : « Oui, sa pauvre mère en aurait du chagrin. Mais il faut dire que dans cette famille les caractères bien équilibrés, bien trempés ont tendance à se trouver surtout du côté féminin.

– Ah ! mais n'est-ce pas ainsi dans toute famille civilisée ? »

Une petite tempête de rires salua la boutade, au terme de laquelle la dame en robe « mouvement esthétique » et aux cheveux d'argent sur les épaules s'informa soudain : « À propos de bonnes familles et de caractères bien trempés, l'une de vous aurait-elle des nouvelles de lady Eudoria Holmes ? »

Lady Eu… *Ma mère !* Je me figeai, tendant l'oreille intensément et me retenant de me retourner.

« … rien du tout depuis sa disparition. Nul ne sait seulement si elle est encore en vie.

– Oh ! pas d'inquiétude sur ce point, lança gaiement une nouvelle voix. Vive et résolue comme elle l'est, vous pensez bien qu'elle n'est pas du genre à décider si tôt de quitter ce monde. Moi, je suis convaincue qu'elle aura pris la clé des champs, comme diraient nos jeunes gens. »

Un murmure d'approbation parcourut le petit groupe.

« Espérons-le, dit la dame mouvement esthétique. Espérons qu'elle a enfin trouvé le moyen de vivre à son idée et de s'épanouir, où qu'elle soit.

– Croyez-vous qu'elle soit quelque part en train de jouer les Florence Nightingale ?

– Elle ? S'enfermer entre quatre murs ? Elle qui n'aime que le ciel au-dessus de sa tête ? Souvenez-vous comme nous la taquinions : "Eudora, Eudora, un jour tu finiras, par dormir à la belle étoile." Et elle nous répondait : "Si vous saviez ! J'en rêve !" »

Et moi, je croyais rêver. Des amies de ma mère ! Amies de jeunesse, apparemment. Quelle étrange pensée c'était là. J'en avais le cœur chaviré. Et Florence Nightingale, à propos, avait-elle connu ma mère aussi ?

« À propos de Florence Nightingale, reprit la dame à robe ample comme en écho à ma pensée, j'ai entendu dire que d'aucuns seraient prêts à lancer je ne sais quel scandale autour de la guerre de Crimée, dans lequel elle serait impliquée.

– Un scandale ? Et comment serait-elle impliquée ?

– Oui, comment ? Mieux : pourquoi faire ressortir maintenant quelque chose d'aussi ancien ?

– C'est très exactement la question que je vous pose.

– Ce ne serait pas au sujet de Wreford, une fois de plus ? De sa querelle avec lui ? Mais réchauffer cette vieille affaire, ce serait vraiment…

– L'eau a coulé sous les ponts, tout de même… »

Elles se mirent à parler politique et réformes, et, comme j'étais loin de tout comprendre, je décrochai enfin et rendis mon attention à mon sujet de réflexion.

–Quel événement nouveau a déclenché cette affaire ?

–Qui peut vouloir que Mrs Tupper délivre enfin son message, plus de trente ans après, et pourquoi ?

–À qui profiterait la divulgation de son contenu ?

Aux ennemis de la réforme?
– Qui savait que Mrs Tupper, et nulle autre qu'elle, avait un message pour l'Oiseau?

Je m'arrêtai, crayon en l'air. Cette fois, je tenais la bonne question: *qui* pouvait être au courant de l'existence de ce message caché sous une robe? Alors qu'aucun des « porteurs » habituels de l'Oiseau n'était impliqué, et que Mrs Tupper elle-même n'avait pas pris conscience de ce qu'elle transportait là ?

Bref, qui donc savait? Certainement pas Wreford, Cruikshanks, Hall, ni Raglan. Et pas davantage leurs héritiers.

Voyons, voyons… Lors de l'envoi d'un message codé, qui était forcément au courant? *Primo,* l'expéditeur, bien sûr. *Secundo,* le messager, sauf exception. *Tertio,* le destinataire; lui aussi, d'ordinaire, était prévenu de l'arrivée imminente d'un message, ne fût-ce que pour se tenir prêt à sa réception.

Mon crayon reprit sa danse.

1) Expéditeur
– Miss Nightingale ne se souvenait pas de Mrs Tupper; pas de son nom, en tout cas;
– Miss N. a engagé Sherlock Holmes pour retrouver Mrs T.;
– Conviction personnelle: miss N. m'a dit la vérité;

– Supposition raisonnable : miss N. hors de cause.

Fort bien. Si l'expéditeur n'était pour rien dans l'enlèvement de ma logeuse, et puisque le messager, Mrs Tupper, n'avait évidemment pas manigancé son propre enlèvement, il ne restait à examiner que le destinataire : lord Sidney Whimbrel, m'avait dit miss Nightingale.

Sauf que… sauf que : a) lord Whimbrel était un allié de miss Nightingale ; b) il avait quitté cette vallée de larmes.

À moins que son fantôme…

C'était pour rire, bien sûr, mais était-ce si drôle ? Après tout, n'avais-je pas été suivie, justement, par un homme qui, de profil, était le portrait craché de lord Whimbrel – ou le portrait craché de son portrait –, au point que c'en était hallucinant ?

Minute ! Les fantômes, je m'en moquais, mais… et si le beau Profil Classique, qui n'avait pas hésité à brutaliser une pauvre femme et à mettre à sac son logis, n'était autre qu'un proche parent de lord Sidney Whimbrel ?

Par exemple… son fils ?

Impensable, me raisonnai-je. La famille Whimbrel était l'une des plus respectées, des plus titrées de toute la noblesse anglaise. Même moi, si peu portée sur les potins mondains, je la connaissais de nom et de renom. L'idée qu'un rejeton de cette honorable maison pût se comporter en brute épaisse était tout simplement grotesque.

Certes, mais… qui d'autre ?

Et Florence Nightingale elle-même n'avait-elle pas parlé de préserver le nom de lord Whimbrel ? Puis mentionné un jeune lord Whimbrel sur le point d'entrer à la Chambre des lords ?

Mieux : les deux voyous mal assortis qui avaient saccagé le logis de Mrs Tupper n'avaient-ils pas glissé une remarque sarcastique à propos d'un certain « Monsieur le comte » ?

Par les cornes de Belzébuth ! L'hypothèse pouvait sembler loufoque, elle n'en tenait pas moins la route. Oui, l'affaire avait fort bien pu partir de là.

Peu après, la bibliothèque du club me voyait replacer sur son étagère l'exemplaire du *Boyles*[1] et enfoncer dans ma poche un petit bout de papier sur lequel était notée une précieuse adresse.

Mes sentiments, en cette minute, formaient un étrange cocktail : un zeste de soulagement – j'avançais, enfin ! – dans une double rasade de stupeur et de consternation, chacune l'emportant sur l'autre tour à tour. Les perspectives me semblaient si

1. Sorte de Bottin mondain, annuaire de la noblesse de Grande-Bretagne.

lugubres que je me pris à songer à ce jeu cynique des philosophes du XVIIIe siècle, consistant à soutenir que tout va toujours pour le mieux, puisque tout pourrait toujours aller encore plus mal. Un bébé meurt ? Sans doute aurait-il connu un sort épouvantable s'il avait vécu. Des milliers d'orphelins pleurent la faim dans les hospices ? À coup sûr, c'est pour quelque haute finalité. Quant à moi, j'étais aux abois, interdite de séjour dans mon propre logis ? Eh bien ! n'avais-je pas au moins trouvé où j'allais passer ma soirée ?

Car j'avais déniché, en plus d'autres révélations aussi troublantes qu'instructives, l'adresse londonienne des Whimbrel, où je comptais dur comme fer retrouver Mrs Tupper.

CHAPITRE XII

SUR LA PLUS BELLE ARTÈRE de Mayfair, Whimbrel Hall dressait ses tourelles à moins de cent pas de la demeure de Florence Nightingale. Dans le soir tombant, ma petite serviette de cuir à la main et toujours vêtue de la tenue sombre que j'avais enfilée le matin, je commençai par examiner le bâtiment depuis l'autre côté de l'avenue bordée d'arbres.

Raisonnablement masquée à la vue par le couvert d'un tilleul bienveillant, je m'interrogeais : était-ce cette même adresse, déjà, que miss Nightingale avait fournie à Mrs Tupper, trente-cinq ans plus tôt, au cœur de la tourmente de Scutari ?

La bâtisse, bien pourvue en saillies et pierres d'angle, était de celles dont on escalade les murs sans trop de difficulté. Mais l'escalade, me raisonnais-je pour écarter la tentation, n'était pas la solution rêvée. Même si je parvenais à franchir les grilles, à tromper la vigilance d'un éventuel cerbère humain ou canidé, à jouer les monte-en-l'air et à pénétrer dans la place, puis, sans me faire repérer, à trouver Mrs Tupper, quelle pouvait être la suite du programme ? Redescendre par le même chemin à la façon d'un sapeur-pompier, ma gentille logeuse sur l'épaule ?

Hum.

Comme je ne pouvais pas non plus parvenir à mes fins en achetant le silence de certains – j'avais affaire ici à des gens dont les finances se passaient de mon secours, merci, et leurs domestiques aussi, sans doute –, je m'apprêtais à risquer une stratégie totalement inédite pour moi.

Mais je dois d'abord révéler ce que j'avais découvert dans le *Boyles*, en plus de l'adresse de la résidence londonienne des Whimbrel. Lord Sidney, décédé une bonne dizaine d'années plus tôt, avait deux fils en vie : l'aîné, héritier du titre et donc actuel lord Whimbrel, se prénommait Rodney ; le cadet, Geoffrey.

Rodney ? Geoffrey ? Voilà qui conférait un intérêt neuf aux bribes de conversation glanées d'une oreille distraite dans le petit salon du Club de femmes de carrière. Pure coïncidence ? Deux paires de frères portant les mêmes prénoms, et dans le même ordre de naissance, et dont les deux aînés auraient été en âge d'accéder à la Chambre des lords en même temps ? Le hasard eût fait fort, franchement.

Et puisque Rodney, d'après ces dames, était le faible au cœur bon, j'avais résolu que la meilleure ligne d'action était d'en appeler directement à lui pour obtenir la libération de Mrs Tupper. Du moins si son cadet, le peu scrupuleux Geoffrey, ne l'avait pas relâchée dans l'intervalle, ce que je continuais d'espérer. Car enfin, même s'il avait été capable de pareille scélératesse, lui, un fils du très respecté lord Whimbrel, je voulais croire qu'après avoir constaté que la malheureuse ne pouvait fournir aucune information il avait à présent jugé préférable…

Mais trêve de spéculations. Je m'en rendais malade. Et si toutes mes belles déductions m'avaient complètement égarée ? Et si, sautant d'un pas léger sur le perron de Whimbrel Hall, je me condamnais au pire des ridicules pour cause d'erreur monumentale ?

Et si, à l'inverse, j'entrais dans cette bâtisse pour n'en plus jamais ressortir ?

Enola, ma fille, tout doux. Sois sûre de ton coup, ou tu n'en sortiras pas indemne. Commence par tout récapituler. Point par point.

J'en étais là de mes réflexions lorsque je m'aperçus que je n'étais pas seule dans la rue. Marchant à pas comptés, penché sur le caniveau comme en quête de quelque trésor, avançait dans ma direction un pauvre diable à barbe grise, non point tout à fait un gueux – son costume, bien qu'élimé, était plutôt celui d'un gentleman –, mais un traîne-misère distingué, qui ne tenait debout que grâce à sa canne. Il avait quelque chose d'un spectre ambulant, efflanqué comme il l'était, grand mais courbé par les ans, avec sa barbe et des favoris en broussaille qui lui mangeaient la moitié du visage, tandis qu'un haut-de-forme tronqué tenait l'autre moitié dans l'ombre. Il faut ici expliquer que le haut-de-forme, couvre-chef alors au faîte de sa gloire, tendait à perdre de la hauteur avec l'âge. Souillé par la sueur de son premier acquéreur, il se retrouvait chez le fripier qui, avant de le remettre en vente, commençait par le découdre, puis amputait la couronne de sa base défraîchie avant de resolidariser bord et couronne et de replacer un ruban sur le tout. À en juger par son altitude réduite, le chapeau du pauvre diable avait dû subir cette opération au moins trois fois.

À vrai dire, ce chapeau ne m'était pas inconnu. Je l'avais vu l'hiver précédent, par une nuit de gel à pierre fendre, près d'un brasero de fortune. L'escogriffe qu'il coiffait, je l'avais vu aussi, plusieurs fois, dans diverses tenues, avec ou sans barbe grise. Oui, je reconnaissais cet intéressant Londonien et, à son approche, mon cœur s'était mis à bondir sous mes côtes de la plus irrationnelle façon. Je me plaquai contre mon tilleul, terrorisée à l'idée d'être aperçue.

Mais l'homme passa son chemin le long du trottoir d'en face, sans même tourner la tête vers moi. Sitôt qu'il fut évident qu'il ne m'avait pas repérée, je repris mon souffle tout doucement.

Juste ciel. Et maintenant ?

Le suivant des yeux, je le regardai contourner l'angle et poursuivre son cheminement le long de la grille qui entourait Whimbrel Hall.

Lorsqu'il eut disparu à ma vue, je ne quittai pas ma cachette. J'attendais de voir… de voir si, par hasard, il n'allait pas repasser – quelque chose me disait que ce pouvait être le cas. Et je me demandais si, dans l'affirmative, je ne pouvais pas l'inclure dans mon plan d'action…

En attendant, je récapitulai mon raisonnement.

Lord Rodney Whimbrel entre à la Chambre des lords.

Une idée le tourmente (peut-être est-ce Geoffrey qui lui a soufflé ce tourment) : un message que son père aurait dû recevoir voilà des lustres pourrait refaire surface et le mettre dans l'embarras en ravivant une vieille querelle.

Geoffrey qui, en tant que cadet, n'est ni lord ni pair à la Chambre, a bien l'intention de piloter à sa guise la carrière de son aîné, que ce soit pour s'enrichir ou, plus simplement, pour le pur plaisir de détenir un pouvoir.

Fort de quoi, Geoffrey, qui par ailleurs semble avoir des fréquentations douteuses et un certain goût pour l'action illicite, entreprend – avec un complice peu recommandable – de récupérer le message compromettant.

N'ayant pas trouvé le message susdit, Geoffrey et ce complice enlèvent Mrs Tupper dans l'espoir de la faire parler.

Lord Rodney Whimbrel, «si bon garçon, si débordant des meilleures intentions», est probablement effaré de la tournure que prennent les événements, mais, manquant d'assurance et d'aplomb, il n'a encore rien fait pour en changer le cours.

Peut-être qu'en lui parlant en tête à tête…

Comme sur un signal, le distingué traîne-misère réapparut à l'angle opposé du périmètre de Whimbrel Hall, où il était apparu en premier.

Bien ce que je pensais.

Je restai coite.

Le grand diable à barbe grise, ayant effectué un tour complet de la propriété Whimbrel, recommençait à traîner la patte le long des grilles de la façade, couvrant une deuxième fois le chemin parcouru. Apparemment, comme je l'avais soupçonné, il comptait s'attarder dans le voisinage un certain temps.

Mon cœur se mit à battre à coups redoublés. J'avais toutes les raisons d'avoir peur. Peur de ce que j'avais résolu d'entreprendre. Et pourtant… Pourtant, à l'approche du traîne-semelles, une étrange bouffée de tendresse penaude me gonfla le cœur.

Ma décision était prise.

Alors, me redressant comme un soldat, je sortis de ma cachette. Sous le nez de l'homme à barbe grise, je traversai la chaussée d'un pas ferme, balançant ma serviette de cuir pour être certaine de me faire voir de lui, quoique en me gardant bien de lui jeter un regard. Sans ralentir, je traversai le trottoir, gravis d'un trait le perron de marbre et le vaste seuil, puis, résolument, je soulevai le heurtoir de cuivre de la porte d'entrée.

Le majordome qui vint m'ouvrir jeta sur ma chétive personne un regard aussi bienveillant que si j'avais été une blatte. Il ne proféra pas un son.

Je déclarai d'un ton décidé : « Je souhaite parler à lord Whimbrel. » Et, sans lui laisser le temps d'un refus, j'ajoutai plus fermement encore : « Je suis absolument certaine qu'il va souhaiter me recevoir. »

Les sourcils du majordome s'envolèrent de façon alarmante, mais mon menton haut et mon accent de jeune femme bien née – sur lequel j'avais forcé, cette fois – l'incitèrent à réfléchir. Par parenthèse, je ferai observer que s'il est relativement facile d'imiter un accent populaire (il y suffit d'un peu de talent, celui de mon frère Sherlock, par exemple, ou le mien, en toute modestie), il me paraît quasi impossible d'imiter à la perfection le parler de la haute société lorsqu'on n'y a pas été élevé. Je n'ai pas connaissance, en tout cas, que quiconque s'y soit jamais trompé.

Aussi daigna-t-il m'adresser la parole : « Votre carte, mademoiselle ?

– Je n'en ai pas sur moi et ne porte pas de nom. » Je jetai ces mots, longuement répétés dans ma tête, avec une intonation dramatique qui me plut tout à fait. « Si vous voulez bien m'autoriser à rédiger un bref billet à remettre à lord Whimbrel, il me recevra. »

La touche dramatique faisait partie de mon plan. Je soutiens que les majordomes, même s'ils n'en laissent rien voir, sont après tout des êtres humains, et donc curieux par nature. Celui-ci dut, comme prévu, se demander de quoi il retournait. En conséquence, il s'effaça, me faisant signe d'entrer.

Le grand hall dallé de marbre dans lequel je pénétrai était si vaste et si glacial et si riche d'ornements variés – trophées d'élan, sabres de samouraï, sarcophages égyptiens, pieds d'éléphant reconvertis en porte-parapluies, odalisques et cupidons et bas-reliefs et autres curiosités – qu'on se serait cru dans un musée. Pas un fauteuil, pas une banquette en vue, et le majordome ne me proposa pas d'aller m'asseoir dans la bibliothèque voisine. Il me laissa plantée au milieu de cette brocante tandis qu'il allait chercher pour moi de quoi écrire.

J'en profitai pour jeter un coup d'œil au courrier prêt à partir, sur un plateau d'argent près de la porte, et… confirmation ! Parmi les lettres, il en était une rédigée à l'encre noire, d'une écriture anguleuse hérissée de pointes et de jambages agressifs, difficile à confondre avec une autre.

Expéditeur : *Honorable G. Whimbrel.* G, comme Geoffrey.

Vivement, je formulai le souhait de n'avoir pas à rencontrer ce Geoffrey-là.

D'autres lettres, ayant pour expéditeur lord R. Whimbrel, faisaient montre d'une écriture plus quelconque. J'en déduisais... non, je n'en déduisais rien du tout ! En tant que lord et appartenant à la pairie[1], Rodney pouvait très bien avoir un secrétaire pour écrire à sa place.

Entendant revenir le majordome, je portai mon regard, ostensiblement, sur une étagère garnie de coupes en coquille d'œuf d'autruche. Sans un mot, il me présenta une écritoire garnie d'un papier de belle qualité, avec plume, encrier et chandelle allumée, et il posa le tout sur une console.

Je fis la moue.

« Veuillez m'apporter de la cire à cacheter », dis-je d'un ton impérieux et, je l'espérais, un brin énigmatique.

« De quelle couleur, madame ? »

Il y avait du ressentiment dans la question. Du

1. Ensemble des pairs qui siègent à la Chambre des lords ; titre et état de pair.

ressentiment, parce qu'il savait que j'étais en train de prendre l'avantage sur lui : un peu de cire de bougie m'eût suffi pour cacheter ma missive ; mais du ressentiment aussi, je le soupçonne, parce que ce cachet allait l'empêcher de lire le message à la dérobée tout en l'apportant à son maître. En même temps, il me provoquait. La couleur de la cire à cacheter avait valeur symbolique. Il me mettait au défi de dévoiler mes intentions.

Je notai cependant que j'étais passée du rang de « mademoiselle » à celui de « madame ».

« Rouge, bien sûr, rétorquai-je. Écarlate, je vous prie ; pas cramoisi. »

À lui d'en tirer la conclusion qui lui chanterait.

Tandis qu'il allait chercher la cire, je pris la plume et, d'une main énergique, j'écrivis :

J'ai le message pour l'Oiseau. L'échangerai contre Mrs T. sans autre contrepartie. En cas de refus, je préviens la police.

Omettant délibérément de signer, je passai le buvard sur l'encre et me hâtai de plier la missive sans laisser au majordome, qui revenait, la moindre chance d'en lire un mot par-dessus mon épaule. Je pris le bâton de cire rouge qu'il me tendait, ramollis l'extrémité à la flamme de la bougie et scellai mon pli d'une petite flaque couleur sang, qui ne tarda pas à se solidifier. Las ! je n'avais pas de bague armoriée pour y imprimer ma marque, et je dus me contenter de presser légèrement dessus avec le dos de ma main. Lorsque le cachet me parut durci à souhait, je remis ce pli au majordome.

Et il alla le porter à son maître, me laissant seule sous le regard de bois de trois masques africains.

Le temps passa. Je commençais à me demander si ma tactique avait échoué. Aurais-je dû formuler mon message différemment, peut-être le coder en fleurettes ? Mais non, ridicule : si lord Rodney avait connu le code, ou plutôt si son bras agissant, son frère Geoffrey, l'avait connu, il l'aurait repéré sur la crinoline dès la première fouille chez Mrs Tupper.

Lord Rodney. Si seulement j'avais pu en savoir plus long sur lui ! Cette écriture trop sage sur l'enveloppe était-elle vraiment la sienne ? Peut-être, si réellement il se laissait dominer par son cadet.

Oh, misère ! Et si, à l'instant même, il était précisément en train de consulter ce mauvais génie ?

Hélas ! j'eus tôt fait de découvrir que tel était bien le cas. Lorsque le majordome revint enfin et que, sans un mot, il me fit signe de le suivre, ce fut pour m'entraîner dans une salle de billard enfumée, lieu obscur où nulle honnête femme n'eût mis les pieds de son plein gré.

Là, de l'autre côté du rectangle vert d'une table de jeu, deux jeunes gentlemen me faisaient face. Deux jeunes Whimbrel.

CHAPITRE XIII

CIGARE EN MAIN, CHACUN APPUYÉ sur sa queue de billard, ils m'accueillirent avec tant de morgue et de dédain qu'un instant je redoutai de découvrir en lord Rodney la même noirceur qu'en son jeune frère.

Physiquement, ils se ressemblaient fort – mêmes traits réguliers et plaisants, d'une douceur proche de la mollesse –, au point qu'on eût pu les prendre pour des jumeaux. Pourtant, à leur expression, je les distinguais déjà l'un de l'autre. Ce regard ouvert et anxieux, ce devait être lord Rodney, j'en aurais mis ma main à couper. Le regard de son frère était celui du cobra.

Durant de longues secondes, je ne soufflai pas mot. Pour être franche, je n'aurais pu émettre un son. Dans le choc du face-à-face, toutes les belles paroles que j'avais préparées et rangées en bon ordre me désertèrent, tels des conscrits face à l'affrontement. Cependant, je parvins – ou du moins je le crois – à rester droite comme un I, le front haut, et je m'efforçai bravement de toiser les deux frères d'un regard de défi au lieu de les dévorer des yeux. Mon silence, je l'espérais, pouvait passer pour du mépris.

J'espérais aussi, de toutes mes forces, paraître nettement plus mûre que ne me le permettaient mes bientôt quinze ans. Je pense que tel fut le cas et j'en remercie ma grande taille ainsi que mes traits anguleux – sans oublier mon « modeleur de formes », prodiguant de fausses rondeurs bien placées.

Celui qui devait être lord Rodney posa presque immédiatement sa queue de billard sur le feutre vert et écrasa son cigare dans le plus proche cendrier. Puis il prit la parole, nerveux : « Ainsi donc, vous êtes la personne sans nom qui vient de nous faire parvenir ce billet auquel nous ne comprenons goutte ? Je peux vous assurer, madame, que vous vous êtes fait je ne sais quelles idées…

– *Madame* !? Ce n'est pas une lady, rectifia son frère, prenant de grands airs indifférents. C'est la locataire.

– Tiens donc ?! » triomphai-je. Hourrah pour lord Geoffrey et pour sa muflerie ! Il venait de se démasquer et, qui plus est, en m'exaspérant, il m'avait fait recouvrer ma voix. « La *locataire* ? Vraiment ? Et vous ne savez rien de l'affaire ! Ne jouez pas aux plus fins avec moi, messieurs, voulez-vous ? » Délibérément, et bien que Geoffrey fût celui qui avait déchaîné mon ire, c'était à lord Rodney que je m'adressais, les yeux sur lui pour bien montrer que son cadet n'était que de la petite bière.

Et tant mieux si ce dernier s'en étranglait de rage !

Je m'éclaircis la voix et repris d'un ton raffermi : « Dois-je vous rappeler qu'un enlèvement n'est pas une affaire anodine ? Oh ! certes, avec des pots-de-vin, on peut toujours bâillonner la police et la presse. Mais on ne bâillonne pas quelqu'un comme miss Florence Nightingale. Comment croyez-vous qu'elle réagirait si elle savait ce que vous avez fait ? À qui croyez-vous qu'elle enverrait ses cent premières lettres ? Or elle *saura*, si vous ne mettez pas fin immédiatement à cette situation et si vous ne réparez pas vos torts. Car miss Nightingale a engagé le fameux détective Sherlock Hol...

– Foutaises ! me coupa Geoffrey. Qu'est-ce que cette fille peut bien savoir de... »

Je lui coupai la parole à mon tour : « Miss Nightingale m'a reçue dans sa chambre ce matin même, comme vous le sauriez si vous m'aviez prise en filature une seconde fois. Et si vous n'étiez si occupé à détenir une vieille femme sans défense, parfaitement respectable...

– C'est moi qui suis responsable de cela ! » s'écria lord Rodney, d'une voix à peu près aussi assurée que celle de Mrs Tupper en personne. « J'étais loin de me douter...

– Silence ! » lui aboya Geoffrey aux oreilles.

Mais je continuai, imperturbable, de m'adresser

à lord Rodney, m'efforçant de radoucir le ton : « Je veux bien le croire, que vous ne pensiez pas que les choses iraient si loin. Sans quoi, d'ailleurs, je ne serais pas venue vers vous pour…

– Suffit ! explosa Geoffrey. Il m'avait dit de récupérer ce message. Par n'importe quel moyen. J'ai fait ce que j'avais à faire. Et maintenant, cet âne, il pense qu'il suffit de relâcher la vieille, comme ça, dans la nature. Et vous aussi, je parierais bien. Encore heureux qu'un des fils de notre père en ait dans le ventre ! »

Et sur cette grossière déclaration, tel le serpent qui frappe sans prévenir, il esquissa le geste de se ruer sur moi.

La table de billard, par bonheur, nous séparait. Le temps pour lui de contourner l'obstacle et j'avais déjà dégainé la petite dague cachée sous le busc de mon corset. À la vue de ces huit pouces[1] de lame effilée dardés vers lui, il se figea.

« Vous n'avez pas intérêt à porter les mains sur moi », lui dis-je entre mes dents, très doucement – et je vis ses yeux s'écarquiller. « Pour deux raisons. La première est ceci. » Je fis jouer la lame d'acier sous la lumière de la lampe à gaz et elle étincela joliment. « La seconde est que mon frère m'a vue

1. Une vingtaine de centimètres.

entrer dans cette maison et qu'il attend, près de la porte, de m'en voir ressortir. »

Cet argument-là n'avait pas fait partie de mon plan initial, pouvoir en jouer était un pur coup de chance, mais ce n'en était pas moins la stricte réalité. Sherlock était venu rôder par là, très probablement après s'être tenu le même raisonnement que moi, quoique ayant tiré ses conclusions plus vite que moi, à l'évidence. Pour preuve, il avait même eu le temps de se doter d'une barbe, d'un vieux haut-de-forme et du poids des ans.

Et je me rendis compte soudain, à cet instant, que bel et bien je faisais toute confiance à mon frère. Pas pour ce qui était de ma liberté ; mais pour ce qui était de ma vie.

Ce qui me permit de conclure, sereine : « Si je ne réapparais pas dans un délai raisonnable, il entrera en action et, je peux vous le certifier, vous trouverez en lui un adversaire redoutable. »

Un silence s'ensuivit. Nous formions un tableau de belle facture, tous les trois : moi le dos au mur, ma dague braquée bien droit, lord Geoffrey à moins de quatre pas, la fureur dans son regard, et lord Rodney de l'autre côté du tapis vert – lord Rodney à qui je ne pouvais, bien sûr, plus jeter le moindre coup d'œil, mais que j'imaginais se rongeant les sangs, dépassé par les événements.

Pourtant, tout reposait sur lui.

À cette pensée, le petit plaidoyer préparé à son intention me revint à l'esprit et je le lui adressai donc, quoique sous forme très abrégée.

« Lord Rodney, dis-je d'un ton égal, c'est vous qui portez le titre de lord Whimbrel. C'est à vous qu'il revient de siéger à la Chambre des pairs. C'est vous qui avez autorité. » Tout en parlant, de ma main gauche, je tirais de la grande poche à l'avant de ma jupe ce que j'avais fourré là tout exprès, et qui m'était à présent nécessaire. Du doigt, je vérifiai que l'attache au dos était bien à la place voulue, car je tenais à ne pas présenter la chose tête en bas – et au diable ce Geoffrey que je ne pouvais quitter des yeux un millième de seconde ! Priant le ciel que l'objet fût à l'endroit, je le présentai face à lord Rodney : le petit portrait en papier découpé, à la silhouette, venu de chez miss Nightingale.

L'Honorable Sidney Whimbrel, à Embley, été 1853.

Son père.

« Lord Rodney Whimbrel », poursuivis-je à l'adresse de celui que je ne percevais qu'en vision périphérique, faute de pouvoir tourner les yeux vers lui, « vous avez ici le portrait d'un grand homme d'État. Sa place ne peut être reprise que par un successeur digne de lui. Combien de temps encore…

– Imbécile ! mugit Geoffrey à l'intention de son frère. Ne restez pas planté là ! Frappez-la de votre queue de billard !

– … combien de temps encore allez-vous laisser les regrettables écarts de votre frère entacher la mémoire de votre père ? »

Lord Rodney ne répondit pas, ni à Geoffrey ni à moi, mais du coin de l'œil je le vis remuer, peut-être pour attraper quelque chose. Tressaillant intérieurement, je déposai le petit portrait sur le tapis vert, au cas où j'aurais eu besoin de mes deux mains pour me défendre. Mais non, lord Rodney ne brandissait pas sa queue de billard. À la place, il avait saisi un cordon de sonnette, afin d'appeler un serviteur. Le majordome, probablement.

Un troisième homme, par conséquent. Grand, carré, intraitable.

Aïe aïe aïe.

La porte de la salle de billard s'ouvrit et, toujours du coin de l'œil, j'entraperçus une forme sombre qui s'approchait. Mais, je ne saurais dire si le majordome avait toujours son masque impénétrable.

Que les secondes étaient donc longues, et le silence, épais, tandis que j'attendais la réaction de lord Rodney !

Le majordome l'attendait aussi, malgré quoi, c'est du ton impavide que je lui connaissais qu'il s'enquit sobrement : « Vous avez sonné, Monsieur le comte ? »

Il s'adressait à Rodney, il va de soi, mais c'est Geoffrey qui tonna : « Pour l'amour du ciel, Billings ! Allez cherchez Fry et Hordem et une bonne corde, que nous neutralisions cette folle !

– Silence ! C'est moi qui donne les ordres ici. » La voix de lord Rodney ne débordait pas de fermeté, mais c'étaient les mots qui comptaient. « Billings, veuillez escorter maître Geoffrey jusqu'à ses appartements et veiller à ce qu'il n'en sorte pas.

– Quoi ?! » rugit Geoffrey.

Et, faisant volte-face, il s'élança vers son frère, prêt à se jeter sur lui comme il avait voulu se jeter sur moi.

Mais Billings, d'un bond en avant, l'immobilisa en lui saisissant les deux bras par-derrière. Geoffrey se débattit violemment, proférant des menaces, mais le majordome tenait bon. Tandis qu'ils reculaient, tous deux, lord Rodney actionna de nouveau la sonnette.

« Faites-vous aider des valets de pied si nécessaire, Billings, n'hésitez pas », dit-il ; puis, me faisant signe de le suivre, il ouvrit une autre porte au fond de la salle de billard.

Sitôt dans le corridor, la porte refermée, il désigna ma dague d'un mouvement du menton. « Veuillez ranger cet objet inquiétant, je vous prie. »

Je rengainai mon arme, mais il semblait renâcler à me tourner le dos et m'invita du geste à passer devant lui dans l'escalier qui s'ouvrait là, mais... mais pour *monter* les marches ? Je me serais attendue à me faire introduire dans un salon, une bibliothèque ou tout autre endroit tranquille où nous eussions pu nous asseoir au calme et négocier une sorte de traité, un accord mutuel sur la manière d'échanger mon message codé contre son otage. Au lieu de quoi, nous gravîmes en silence trois longues volées de marches – les degrés de marbre, spacieux et bien éclairés, d'un escalier d'honneur, non l'étroit colimaçon d'un escalier de service, de sorte que je n'éprouvai aucune crainte, jusqu'au moment où il me conduisit, ou plutôt me mena comme on mène les oies devant soi, à ce qui semblait être le sommet de l'une des tourelles de la demeure.

L'endroit rêvé pour un cachot improvisé.

Je m'immobilisai sur place et me tournai vers lui pour le dévisager.

Il s'arrêta aussi, se soumit à mon inspection. En dépit d'un teint un peu blême et de coins de la bouche tirés vers le bas, il semblait calme et maître de lui-même.

« Si vous souhaitez que je me comporte en lord Whimbrel digne de la mémoire de mon père, déclara-t-il soudain – d'un timbre qui aurait pu être plus assuré et cependant ne fléchissait pas –, alors il faut me faire confiance. Accordé ? »

Avais-je le choix ? Que pouvais-je faire ? Fuir et abandonner Mrs Tupper à son sort ? Je n'hésitai pas une demi-seconde. « Fort bien, lui dis-je. Accordé. »

D'un hochement de tête, il désigna une porte étroite en bois massif et sombre. Produisant une énorme clé, il la fit jouer dans la serrure. Puis il ouvrit la porte et s'effaça, me faisant signe d'entrer.

Je n'entrai pas immédiatement, je l'avoue. Je m'arrêtai dans l'embrasure, face à une petite pièce illuminée de plusieurs lampes à gaz, appliques et chandeliers, et dans ce flot de lumière je vis, quoique pas nécessairement dans cet ordre :

des tentures de chintz coloré ;

un lit de cuivre garni d'oreillers et de couvertures brodées ;

un vase empli de fleurs de pommier ;

une assiette débordant de fraises fraîches ;

une femme de chambre assise dans un fauteuil à dossier droit, mains sur les genoux, attendant les ordres ;

une petite table sur laquelle était posée un stéréoscope ;

devant la petite table, un fauteuil rembourré –

fauteuil dans lequel était installée, bien calée

contre des coussins et se régalant des images du stéréoscope, une certaine Mrs Tupper.

Il m'est difficile de décrire les sentiments qui m'assaillirent, tant ils étaient forts et mêlés : un soulagement si violent que j'en avais les genoux qui ployaient, mais aussi de la stupeur, une indignation irraisonnée et même une pointe de jalousie – personne ne m'avait offert de fraises, à moi, ni un stéréoscope ! Mais c'est l'émotion qui emporta tout, une émotion démesurée que je n'eus pas le temps de discipliner, car à l'instant même où je la vis Mrs Tupper me vit aussi. Avec un cri de mainate, elle se leva, toute branlante, et s'élança vers moi. Je me précipitai en avant de peur de la voir s'écrouler. Elle m'enserra de ses bras maigres.

« Miss Meshle ! »

Elle sanglotait et je dois dire que je pleurais aussi. La femme de chambre se leva à son tour et, avec une courbette, quitta la pièce, sans doute sur un signal muet de lord Rodney. Lui-même était resté à la porte, où il attendait que la tempête se calme avec la mine piteuse de celui qui a oublié son parapluie.

« Oh ! miss Meshle, répétait Mrs Tupper. Oh ! miss Meshle, je suis si contente de vous voir ! Si contente, oh ! miss Meshle ! »

Lui tapotant doucement la tête, qui m'arrivait à

peine à l'épaule, je notai qu'elle portait une coiffe d'intérieur toute neuve, d'un blanc impeccable, avec des rubans lavande, et une robe lavande assortie. Pour tenter d'endiguer nos épanchements mutuels, j'ironisai : « Vous n'avez pas été trop mal traitée, à ce que je vois.

– Hein ? » fit-elle, levant la tête comme une tortue, la main en cornet derrière son oreille.

À la bonne heure ! Les choses revenaient à la normale, ce qui eut le don de me calmer. Je ravalai un soupir et lui cornai directement dans l'oreille : « Vous allez bien ?

– Oui, oh ! oui. Oui, grâce à ç'ui-ci ! » Toujours en larmes, elle désignait lord Rodney. « Lui, c'est un vrai gen'leman jusqu'à ses boutons de bottine, oui da ! Alors que l'aut', là, vous savez, y veut me faire jeter dans l' fleuve !

– Je n'ai jamais porté de bottines de ma vie, fit remarquer lord Rodney sobrement. Quant à « l'aut', là », avant la fin de la semaine, il sera en bateau pour l'Australie.

– Mais comme j'ai eu peur, si vous saviez ! » poursuivait Mrs Tupper qui, bien sûr, ne pouvait l'entendre.

« Pauvre chère Mrs Tupper », lui dis-je. Assurément, elle avait eu peur, ne sachant qui étaient ces hommes, ni ce qu'ils voulaient, ni lequel des deux allait l'emporter. « Allons, allons, à présent tout est bien, tout va s'arranger », marmottai-je en lui tapotant le dos, et sachant pertinemment qu'elle n'entendait pas un mot. Puis, par-dessus sa tête, je m'adressai à lord Rodney : « L'Australie ? Excellente idée. Les qualités de votre frère et son énergie trouveront un meilleur emploi là-bas. » Et j'étais sincère.

Mais je confesse avoir oublié ce qu'il répondit, car, lorsque je tournai les yeux vers lui, j'aperçus derrière son épaule une tête à la fenêtre, de l'autre côté des carreaux. Apparition saisissante si l'on songe que nous nous trouvions au troisième étage d'une tourelle, mais plus saisissante encore était la vision de ce long nez, triangle blanc collé à la vitre, au milieu d'un fourré de poils gris.

Je ne sursautai pas. Je ne hurlai pas. Je restai muette. Je me permis même de décocher à mon frère un demi-sourire aussi bref qu'insolent, sachant fort bien qu'il était perché en équilibre sur quelque corniche et cramponné au rebord de la fenêtre, donc parfaitement inoffensif. Je lui aurais volontiers tiré la langue, mais lord Rodney risquait de mal interpréter la chose.

Au lieu de quoi, je demandai à ce jeune comte fort mal à son aise : « Pourrions-nous redescendre, à présent, je vous prie ?

– Mais naturellement, miss Meshle. C'est votre nom, n'est-ce pas ? »

Non, ce ne l'était pas, pas à proprement parler. Aussi répondis-je suavement, sans mentir le moins du monde : « Je ne vois pas pourquoi je le nierais.

– Mrs Tupper a bien de la chance d'avoir une aussi remarquable locataire. Mais je vous en prie, descendons, allons nous asseoir. Puis-je vous offrir un thé ?

– Très volontiers. C'est aimable à vous. »

CHAPITRE XIV

La négociation, qui se tint dans un salon plutôt grandiose et en présence de l'otage, ne fut certes pas rondement menée. Lord Rodney se tourmentait, il réclamait toutes les garanties possibles. De mon côté, je tenais à ce qu'il verse à Mrs Tupper un dédommagement des plus rondelets – deux objectifs assez difficiles à concilier, et surtout à atteindre d'un seul coup.

Je m'efforçai de le raisonner. « Mrs Tupper n'a aucune idée de votre nom, ni de celui de votre frère, ni de qui vous êtes, ni de l'endroit où elle a été emmenée ; nous sommes bien d'accord ? »

Il jeta un regard peiné à la vieille femme à nos côtés, qui, réconfortée par ma présence et un bon thé, venait de s'assoupir dans une bergère de velours bleu où elle disparaissait presque.

« Je pense que vous avez raison, admit-il.

– Et vous avez noté, sans nul doute, qu'elle est quelque peu handicapée pour ce qui est de communiquer.

– Exact.

– De plus, c'est une personne qui n'a pas la fibre vindicative, oh non ! Pas pour un penny d'esprit de vengeance. De retour chez elle, en sécurité, avec une bonne compensation pour tous les ennuis qu'elle a subis, elle ne dira plus mot de l'affaire. Vous savez, dans l'East End, personne ne va délibérément se présenter à la police, de toute manière.

– Fort bien, mais vous-même ? Dans votre billet, vous parliez d'aller prévenir les autorités.

– Je l'ai dit parce que, sur le moment, il me semblait utile de le dire. À présent que vous avez bien voulu discuter, vous comprenez que je peux me montrer discrète.

– Rien ne me le garantit. Je comprends surtout que vous pouvez brandir une dague.

– Comme toute femme de bon sens devrait savoir le faire en cas de nécessité. »

Il me considéra, sceptique. « Vous n'êtes pas une femme ordinaire. »

Je levai les yeux au ciel, je le crains. « Écoutez. Je vous ai fait confiance. C'est à votre tour. Une fois que vous aurez assuré la sécurité financière de Mrs Tupper…

– Et pour vous-même, m'interrompit-il, vous ne demandez rien ?

– Rien. Je puis vous l'assurer.

– Et vous ne révélerez rien de tout cela à miss Florence Nightingale ?

– Pas un mot. D'ailleurs, je ne vois pas pour quelle raison je remettrais les pieds dans sa charmante demeure.

– Autrement dit, vous me promettez que cette affaire n'aura aucune conséquence fâcheuse ?

– Aucune. »

Aucune pour lui, me disais-je, amère ; hormis financière et bénigne. Les pots cassés, ils étaient pour moi. À présent que Sherlock savait tout sur Mrs Tupper, loger chez elle n'était plus envisageable. Il me fallait immédiatement me trouver un nouveau gîte – sauf si, hélas ! comme cela pouvait fort bien être le cas, mon frère me mettait la main au collet le soir même, au sortir de Whimbrel Hall. Car je savais ce qui m'attendait. Mieux : de temps à autre, j'entrapercevais l'ombre fraternelle qui rôdait derrière les fenêtres du salon.

Rendant mon attention à lord Rodney, non sans peine, je poursuivis mon œuvre de persuasion : « À coup sûr, vous pouvez voir que je n'ai pour vous, personnellement, pas l'ombre d'un ressentiment. Et je voue le plus grand respect à la maison Whimbrel, croyez-le. Sur ce point, je partage pleinement la haute opinion qu'en a miss Florence Nightingale. »

Et patati, et patata. Au bout de tous ces discours, après moult assurances, promesses et serments, une somme fort substantielle changea de mains – lord Rodney convaincu, j'en jurerais, malgré toutes mes dénégations, qu'il achetait ainsi mon silence. De mon côté, ouvrant ma serviette, je remis à « Monsieur le comte » un enchevêtrement de rubans bleus brodés de fleurettes.

Comme on peut le deviner, il recula, interdit. « Qu'est donc ceci ?

– Le message perdu, lui dis-je. Et voici comment le décoder. »

Je lui remis donc aussi le papier sur lequel j'avais décrypté le code. Puis je quittai mon fauteuil, allai presser l'épaule de Mrs Tupper endormie afin de l'éveiller en douceur, et me retournai vers lord Rodney : « Il nous faut partir, maintenant. Je vous serais très obligée de nous faire appeler une voiture. »

Véhicule indispensable si je voulais une maigre chance d'échapper à mon cher frère, car Mrs Tupper, assurément, ne pouvait ni courir ni grimper aux arbres.

« Il n'en est pas question. » Le ton était sans équivoque : lord Rodney, brusquement, n'avait que trop bien découvert qu'il était en vérité lord Whimbrel. Bien pis, il semblait clairement à bout, comme s'il avait espéré mieux, pour son argent, que ce départ précipité. « Non, vous n'allez nulle part. Rasseyez-vous et expliquez-moi à quoi rime cette mascarade.

– Il n'y a pas de mascarade. » Certes, j'aurais dû m'y attendre, mais ce revirement me prenait de court et je me mis à son diapason. « Toute cette affaire m'a déjà valu beaucoup d'ennuis et Dieu sait… »

Et Dieu sait comment les choses auraient pu tourner, n'était qu'à cette seconde un violent fracas se fit entendre quelque part dans les étages, suivi d'éclats de voix, d'un bruit de galopade dans les escaliers sur fond de hourvari général, et Geoffrey Whimbrel apparut à notre vue, pourchassé par deux valets de pied en livrée – souliers à boucle, bas blancs, culotte au genou, veste rouge et perruque blanche. Il serait intéressant d'étudier pourquoi les serviteurs d'apparat doivent être vêtus comme l'étaient leurs maîtres plus d'un siècle auparavant ; ce décorum manque de réalisme. La perruque de l'un d'eux s'était mise de travers et celle de l'autre prit son vol lorsqu'il tenta de plaquer au sol le cadet de ses maîtres. Au pied de l'escalier, Billings, le majordome, se joignit à la poursuite, hurlant à l'intention de lord Rodney, comme si l'information était nécessaire : « Il nous a échappé, Monsieur le comte ! »

Mais déjà, sautant sur ses pieds, lord Rodney avait gagné l'immense entrée-musée que son cadet traversait au pas de charge, droit vers la sortie. Je m'élançai pour aller voir et Mrs Tupper se hâta aussi, de son pas menu de souris bossue. Nous n'étions pas les seules : d'un bout à l'autre de la demeure, on se précipitait de toutes parts, ou plus exactement depuis la cuisine et d'autres quartiers du sous-sol, avec force appels et cris, tout le personnel de la maison accourant pour voir de quoi il retournait. En un rien de temps, surgie comme par enchantement, une petite foule se pressait là.

Les deux valets de pied en tenue, le majordome et lord Rodney avaient rattrapé le fuyard et s'agrippaient à lui comme des chiens courants à un sanglier, mais leurs forces conjuguées ne suffisaient pas pour arrêter sa course forcenée vers la porte. Cette meute cramponnée à ses basques, il n'en était pas moins en train d'actionner le loquet et de tirer la lourde porte, prêt à…

Planté sur le perron, pleinement visible dans la lumière des lanternes encadrant l'entrée, se tenait un grand diable tout en bras et jambes, au visage dévoré par une barbe et une tignasse grises remarquablement hirsutes.

Je fus peut-être la seule personne à n'être pas totalement clouée de stupeur.

La seule, hormis lord Geoffrey, que manifestement rien ne pouvait clouer. Trop furieux ou trop hagard pour éprouver quelque chose d'aussi trivial que de la surprise, il ne fléchit pas un quart de seconde. S'arrachant enfin à ces importuns agrippés à lui, il fonça tête baissée sur le perron, prêt à passer sur le corps de l'inconnu à barbe grise.

Il aurait pu tout aussi bien se jeter dans la gueule

du loup. Sans crier gare, en un éclair, le grand vieillard fouetta l'air de l'un de ses longs bras tout en lançant l'une de ses longues jambes en avant. Je ne saurais décrire la manœuvre exacte – mais si j'en crois les écrits du Dr Watson, celle-ci relève d'un art martial venu d'Orient –, pas plus que je ne saurais détailler le bref corps-à-corps qui vit lord Geoffrey atterrir sur le dos, le grand diable barbu au-dessus de lui. Et je ne pus pas non plus savourer la prouesse de mon frère ni la stupéfaction des témoins à la vue de pareil exploit : un vieil homme efflanqué envoyant au tapis un jeune lord dans la force de l'âge. Je n'ai de tout cela que des bribes de souvenirs, car je ne m'attardai pas pour observer la suite.

À la place, je pris Mrs Tupper par la main et l'entraînai en hâte vers le fond de la demeure, profitant de l'instant précieux où toutes les personnes présentes, Sherlock inclus – Sherlock surtout –, étaient neutralisées à l'avant.

Mais Mrs Tupper avait beau trottiner de son mieux, ce mieux n'était pas assez vif pour moi. Aussi finis-je par la prendre à bras le corps et placer sa frêle personne en travers de mon épaule, oui, à la façon d'un sapeur-pompier sauveteur, pour l'emporter de la sorte en courant, de corridor en couloir et de couloir en passage de service, tous aussi déserts les uns que les autres. Déserte également était la cuisine, que je traversai d'un trait, portant toujours ma chère logeuse, avant de gravir les marches ramenant au rez-de-chaussée, puis de chercher notre chemin à travers l'habituel dédale de l'arrière des grandes demeures – office, cellier, cuisine d'été, cabane à outils, remise… Grâce au ciel, nous arrivâmes au portail de derrière, qui ne nous arrêta qu'un instant : ces lourdes huisseries inexpugnables ne sont faites que pour empêcher d'entrer ; pour ce qui est de sortir, elles se révèlent relativement faciles à ouvrir, même à tâtons, le ciel soit loué. Portant toujours Mrs Tupper à la façon d'un sac de farine – encore que je doive avouer qu'à ce stade je commençais à souffler comme un phoque –, je courus tant bien que mal le long d'une ruelle sombre jusqu'à déboucher enfin sur une rue.

Là, sous la lumière blafarde d'un réverbère et hors de vue de Whimbrel Hall, je me sentis un peu rassurée. Remettant Mrs Tupper sur ses jambes chancelantes, je m'inclinai vers elle pour m'assurer qu'elle n'avait pas trop souffert de l'aventure.

« Ça va ? lui demandai-je très bas à l'oreille. Comment vous sentez-vous ? »

Je ne pouvais pas le lui crier, de crainte d'ameuter le voisinage ; j'espérais qu'au moins elle allait deviner.

Ce qui parut être le cas. « Miss Meshle, chevrotat-elle bien haut, la voix aussi larmoyante que les yeux, je vous serai reconnaissante toute ma vie, je…

– Chhhut ! » lui dis-je, et je dus me détourner, car à cet instant, le cœur déchiré, je compris pour de bon que j'allais devoir la quitter.

Elle qui avait été, plus d'une fois, une véritable mère pour moi.

Mère, oh ! Mère, où êtes-vous ?

C'était la pire pensée qui pût me venir, car ma mère, ma vraie mère… Le tout dernier message que je lui avais adressé, par le biais des petites annonces de la *Pall Mall Gazette*, était demeuré sans réponse, et je n'étais pas sûre de retrouver le courage de tenter vers elle un nouvel appel. Au vrai, je commençais à redouter de ne plus la revoir jamais. Peut-être n'était-elle plus en vie. Ou peut-être, pis encore, peut-être ne se souciait-elle guère de moi…

Pas le moment, Enola.

Refoulant mes larmes avec force, je pris Mrs Tupper par le bras et l'emmenai vivement le long de la rue jusqu'à ce que, enfin, nous vîmes un fiacre approcher, que je hélai avec soulagement.

Dans l'intimité du véhicule, je remis à Mrs Tupper l'épaisse liasse de billets de banque soutirée à lord Rodney Whimbrel, et j'eus quelque peine à faire taire ses protestations. Mais je tenais à être certaine qu'elle allait pouvoir remettre sa pauvre maison en état et ne souffrirait jamais de la faim, faute de revenus suffisants. Je m'assurai qu'elle serrait bien ses billets de cent livres au plus profond de son corsage et lui recommandai par trois fois de se rendre à la banque et d'en déposer la moitié.

Sitôt devant l'humble logis qui était le sien dans l'East End, nous descendîmes, mais je priai le cocher d'attendre.

Puis, laissant Mrs Tupper au rez-de-chaussée se lamenter tout haut sur son logis dévasté, je montai en hâte à ma chambre – qui déjà n'était plus mienne – et m'empressai de jeter pêle-mêle, dans mon sac de voyage en tapisserie, celles de mes possessions les plus compromettantes ainsi que les irremplaçables : ma perruque et divers accessoires de déguisement, ma seconde dague, toute ma fortune, et le petit cahier cousu main, orné d'aquarelles florales, qui avait été le dernier cadeau d'anniversaire reçu de ma mère.

De retour en bas, bagage à la main, je trouvai Mrs Tupper – plus fine et plus lucide que je ne l'aurais cru – qui m'attendait près de la porte, les traits défaits, serrant contre son cœur le coffret de bois gravé qui contenait sa maigre moisson de papiers précieux et de photos de toute une vie.

« Miss Meshle, m'implora-t-elle, ne m' laissez pas ici toute seule, pas après ce qui est arrivé. Je ne me sens plus en sécurité, moi, ici, comprenez, ce n'est plus chez moi. Emm'nez-moi avec vous. »

Je fus prise de vertige. Le temps tournait en rond, en rond, en rond. Puis il s'arrêta, en suspens. Emmener Mrs Tupper avec moi ? Si seulement Mère m'avait emmenée, elle !

Mais où ? De quelle façon ? Comment diantre... ?

La décision éclata en moi comme une explosion. Peu importaient les difficultés. Au diable mes frères Sherlock et Mycroft, au diable le danger qu'ils pouvaient représenter ! De mon côté, je ne pouvais *pas* abandonner Mrs Tupper.

Le temps se remit en mouvement, son mouvement naturel cette fois.

« Venez, alors. Vite ! » dis-je à ma vieille logeuse.

Son visage fripé s'éclaira. Je la pris par la main et côte à côte, bien vite, nous regagnâmes le fiacre.

« Où ça, maintenant, mademoiselle ? » s'enquit le cocher.

Et moi, gaiement, je m'entendis répondre : « Savez-vous ? Je n'en ai aucune idée ! » Mais une idée allait me venir, j'en étais sûre ; j'avais appris à faire confiance à mon esprit et à mon cœur. « Pour le moment, plein ouest ! »

Et nous repartîmes allègrement vers l'ouest londonien.

LONDRES

Juin 1889

« Broder, je ne peux plus le faire », observe Florence Nightingale avec une pointe de nostalgie mais sans une once d'auto-apitoiement, tandis que ses doigts jouent avec les longs rubans, naïvement brodés de fleurettes, que son visiteur a placés pour elle sur son couvre-lit. « Mes mains sont incapables de tenir une aiguille. » De fait, elle a les doigts tout déformés à force de manier la plume du matin au soir. Mais rien n'est plus important qu'écrire. Broder, au fond, a quelque chose d'un peu frivole.

Telles sont les pensées de celle qui fut naguère la dame à la lampe, puis elle rend son attention, paisible, à son visiteur. « Et, selon vous, lord Rodney Whimbrel souhaite que ceci me revienne. Pourquoi donc ? »

Debout et la dominant de haut – car il n'a pas été convié à s'asseoir et après tout, sa mission accomplie, il ne compte pas prolonger son intrusion –, le célèbre détective répond courtoisement : « Lord Whimbrel entend de la sorte signifier que l'affaire est close, définitivement, totalement, et qu'il demeure votre plus loyal admirateur.

– Et il souhaite que j'oublie comment toute l'affaire a commencé ?

– Bien que lord Rodney prenne sur lui l'entière responsabilité de la chose, miss Nightingale, il faut considérer son frère Geoffrey comme le véritable fomentateur. Or il ne fomentera plus rien. Ses autres options lui ayant paru pires encore, il a accepté de s'embarquer pour les colonies.

– En ce cas, je surseois à mon jugement. Et j'espère que lord Rodney, à l'avenir, fera preuve de plus de force morale et de plus de discernement. »

Tout en parlant, pensive, miss Nightingale considère de la tête aux pieds cet homme d'action maigre comme un héron, si excessivement vertical au milieu de son cadre de vie à elle, paisiblement horizontal. Dans le « miss Nightingale » du détective, elle a perçu de la galanterie, certes, mais également un brin de condescendance. Elle n'avait pas prévu de lui parler de certaine jeune fille, d'action elle aussi, mais puisque c'est ainsi…

Repoussant de côté les rubans brodés, elle fait signe à Sherlock Holmes de s'asseoir. Cela fait, elle enchaîne de sa voix douce et égale : « Assurément, vous vous demandez pourquoi je n'ai pas tenté d'empêcher votre sœur, votre remarquable jeune sœur, l'autre jour, de fuir aussi précipitamment. Non, non… » dit-elle, le voyant s'assombrir et lever une main gantée comme pour écarter le sujet, « Non, laissez-moi parler. Bien qu'étant loin de me douter, jusqu'à ce que vous m'en informiez, que votre sœur Enola – c'est bien son nom ? – qu'Enola est une enfant qui n'a pas même encore quinze ans... »

Oubliant sa courtoisie coutumière, le détective lui coupe la parole : « Et quand bien même elle en aurait vingt-cinq, comme on les lui donnerait, d'ailleurs ! Laisseriez-vous votre fille, si vous en aviez une... »

Mais Florence Nightingale l'interrompt à son tour, en douceur et changeant de sujet, du moins en apparence : « J'ai connu votre mère, vous savez, Mr Holmes. »

Clairement il n'en savait rien, et la révélation l'ébranle, car il se renfonce dans son fauteuil et considère l'invalide – remarquable femme, elle aussi, avec ce visage presque sans rides, ces cheveux lissés à l'ancienne de chaque côté d'une raie impeccable et cette étrange coiffe de dentelle. Il l'observe intensément sous ses sourcils en émoi.

« Eudoria Vernet Holmes. Oui. Une femme admirable en tout point, poursuit la dame à la lampe. Entièrement et fort efficacement vouée à réformer la société. Elle aura choisi d'épouser la cause des droits de la femme quand je me serai consacrée plutôt à l'enfer des blessés et des malades, mais nous avons toujours éprouvé le plus grand respect l'une pour l'autre. Avez-vous enfin reçu de ses nouvelles, Mr Holmes ?

– Vous savez donc aussi qu'elle a disparu ? Non, je suis sans nouvelle d'elle. » Il hésite un instant. « Et vous ? »

Ah ! il se soucie donc de sa mère.

« À mon regret, non, moi non plus. Peut-être est-elle partie en Crimée ? » répond miss Nightingale avec une pointe d'autodérision, puis elle reprend après un silence, sur ce ton bien à elle qui mêle le grave et le léger : « Étant qui je suis, je serais mal placée pour restreindre la liberté d'une femme, qu'elle soit d'âge mûr ou d'âge tendre... »

Sherlock Holmes s'incline en avant et, d'un geste du tranchant de la main évoquant assez un coup de ju-jitsu, il l'interrompt de nouveau. Détail intéressant, c'est pour parler de sa mère, non de sa sœur. « Mon frère et moi avions eu des mots avec notre mère. Un différend entre elle et nous. Aujourd'hui, avec le recul, tout cela paraît tellement absurde », lâche-t-il tout à trac, avec une amertume inattendue. « D'un autre côté, était-ce une raison pour...

– Mais ne voyez-vous donc pas, poursuit Florence Nightingale avec sa fermeté feutrée, qu'à ses yeux, à l'évidence, elle avait toutes les raisons du monde ? De même, votre sœur, l'autre jour, semblait avoir de solides raisons d'agir comme elle le faisait. » Miss Nightingale paraît hésiter, puis elle se décide : « Elle m'a paru avoir de vous une peur sans nom. »

Il a beau ne pas grimacer vraiment, elle voit bien que ses propos ont eu sur lui l'effet d'une gifle. Il cale ses avant-bras sur ses genoux, serre ses mains l'une dans l'autre et les contemple en silence.

Patiemment, miss Nightingale attend une réaction verbale.

« Elle me craint, c'est indéniable, finit-il par reconnaître. Cependant, j'ai beau examiner la chose sous tous les angles, je ne comprends absolument pas ce qu'elle redoute tant. L'idée ne me viendrait pas de lui faire mal si peu que ce soit, et elle le sait, j'en suis certain. Il lui est même arrivé de faire preuve envers moi d'une affection manifeste. »

Une bonne infirmière sait d'instinct quand il faut se taire et laisser parler le patient. Miss Nightingale garde le silence.

« Mon frère Mycroft et moi-même ne voulons que le bien de cette enfant, ce qui serait le meilleur pour elle. Un complément d'éducation, dans un excellent pensionnat…

– Ah ! » D'un seul coup, Florence Nightingale comprend tout. « Vous l'avez menacée de pensionnat ! »

Sherlock Holmes lève vers elle un regard décontenancé, presque un regard de gamin qui n'y comprend plus rien. « Menacée ? Mais quel…

– Dieu du ciel ! votre mère ne vous a donc rien appris ? » Encore que cette ignorance soit le lot de plus des neuf dixièmes du genre masculin. « Les souffrances endurées par une jeune fille dans un pensionnat sont à peine moindres que celles qu'endure un criminel au pénitencier. Je veux parler là des douloureuses contraintes corporelles qui débouchent invariablement sur des déformations, parfois sur la mort. »

Bouche entrouverte, le grand détective ne suit plus.

« Bien cher monsieur, poursuit avec tact Florence Nightingale, pardonnez-moi mon franc-parler, si ce n'est mon indécence, mais je suis une vieille femme, voyez-vous, ce qui m'autorise à dire ce que les autres taisent : le supplice du pal n'est rien, comparé à celui du corset à laçage serré. »

Corset. Jamais le mot n'est prononcé dans la bonne société, surtout pas en présence d'oreilles viriles. À ces deux syllabes, le visiteur lève les mains en signe de protestation, son long visage cireux rosit sensiblement. Mais miss Nightingale persiste. Elle en appelle à sa raison.

« Pourquoi croyez-vous, cher monsieur, que les élégantes s'évanouissent à tout bout de champ ? Qu'elles soient en danger de mort au moindre ennui de santé, sans parler de l'enfantement ? Qu'on en voie dépérir tant avant même qu'elles aient atteint l'âge de devenir mères ? Eh bien, c'est à cause de cette compression à la taille, cet emprisonnement du diaphragme, cette constriction forcée, en tout point aussi barbare que le bandage des pieds des Chinoises ! C'est un déni de confort, un déni de santé… Rien d'étonnant si votre jeune sœur vous redoute. Fuir le pensionnat, pour elle, c'est littéralement fuir pour sa survie.

– Mais… ce n'est certainement pas aussi nocif que vous le dites, proteste Sherlock Holmes. La tradition… l'élégance… Des générations de dames ont survécu.

– Tout à fait. De même que des générations de soldats ont survécu aux guerres », rétorque son interlocutrice. Puis, avec ce sens de la diplomatie qui lui permet, depuis des décennies, de débattre avec des messieurs haut placés, elle détourne la conversation légèrement : « Je n'ai jamais eu d'enfant, Mr Holmes, mais j'ai une sœur, et je comprends fort bien que vous vous fassiez du souci pour la vôtre. Peut-être Mrs Tupper saurait-elle vous indiquer où peut se trouver Enola ? »

À l'étage au-dessous, le piano joue du Beethoven, emplissant la demeure de majestueuses envolées. Et bien que Mrs Tupper ne soit nulle part en vue, chacun des deux protagonistes sait où elle est : assise tout contre l'instrument, en extase, parce que, bel et bien, à cette distance réduite, elle *entend* la musique.

Avec un petit gloussement, le détective se renverse

contre son dossier. « Non, il n'y a rien à tirer de Mrs Tupper, comme Enola le sait fort bien, j'en jurerais. L'audace de cette gamine, tout de même ! » enchaîne-t-il – entre émerveillement et exaspération. « Elle me surprendra toujours. Dire qu'elle est revenue ici alors que j'étais encore à Whimbrel Hall, à moins de cent pas, en train d'essayer de retrouver sa trace ! Et le culot de venir déposer ici cette vieille femme, comme on le ferait d'un visiteur attendu...

– Mais je suis ravie de prendre soin de Mrs Tupper, intervient miss Nightingale pour le calmer. Et je m'engage à veiller sur ses vieux jours.

– Ce qui est généreux de votre part », dit-il, toujours aussi acerbe, puis il se ravise et se fait courtois : « Puis-je compter sur vous pour me prévenir d'urgence si ma sœur venait lui rendre visite ? »

Elle hésite une fraction de seconde à peine et répond – apparemment – à côté de la question : « Vous avez un frère aîné, je crois me souvenir ?

– Oui. Mycroft.

– Lui-même célibataire, vivant seul et un brin misanthrope si ce n'est misogyne, n'est-ce pas, et très attaché à ses habitudes ? »

Comment diable en sait-elle si long ? Le grand détective se renfrogne. « Je me flatte, dit-il, d'avoir une certaine influence sur lui.

– Néanmoins, Mr Holmes, comment pourrais-je savoir si votre sœur vient ici ? reprend miss Nightingale, vivante image de l'innocence. Je ne quitte jamais cet étage. »

Non moins qu'elle, Sherlock Holmes a l'intuition d'un fin diplomate ; il sait reconnaître une impasse. Sans un mot de plus, il se lève. « Miss Nightingale, enchanté d'avoir fait votre connaissance. » Debout à son chevet, il prend l'une de ses mains déformées et incline sa grande silhouette. « Si je peux vous être utile en quoi que ce soit, n'hésitez pas à me faire appeler, je vous prie. »

Enchanté, cependant, il est bien loin de l'être au sortir de cette chambre.

Malgré tout, rien n'est jamais perdu, même quand on voit ses plans échouer. Tout en saluant au passage la vieille dame qui sourit dans son fauteuil tout contre le piano, Sherlock Holmes songe à ces gamins des rues qu'il a envoyés un temps surveiller pour lui l'humble logis de Mrs Tupper. Ils étaient censés l'avertir si Enola revenait chercher certaines de ses possessions laissées là. Ce qu'ils lui ont rapporté, à la place, c'est qu'en moins de deux jours tout le voisinage était venu se servir parmi les pauvres restes qui traînaient dans la bicoque, après quoi, un assortiment d'autres paroissiens est venu y emménager. Les belles de nuit ont pris possession des lits et le mendiant aveugle dort sur le sofa en crin de cheval à demi effondré. Le retour d'Enola dans la place paraît des plus improbables.

Néanmoins, Sherlock Holmes se le promet, il mettra en place une surveillance du même type aux abords de la maison Nightingale ; assurément, Enola viendra rendre visite à Mrs Tupper. Peste soit de cette jeune risque-tout, fine mouche comme pas deux ! Tôt ou tard, il l'attrapera. N'est-il pas de son devoir de faire le bien de sa sœur, que cela lui plaise ou non ?

Ou peut-être…

Non, ce qu'il souhaite, c'est qu'ils signent un pacte. Comment a-t-il pu devenir un véritable ennemi à ses yeux ? Y aurait-il du vrai dans les dires dérangeants de Florence Nightingale ? Une femme hors du commun, cette miss Nightingale. Et il paraît certain qu'elle aussi, dans son jeune âge, a dû faire le désespoir des siens, par son refus de suivre les sentiers battus.

Prendre en main Enola pour son bien – et contre son gré ?

Pour la première fois peut-être, Sherlock Holmes est saisi d'un doute. Son esprit pénétrant s'attaque à une question à laquelle il n'avait pas songé jusqu'alors : le bien de sa jeune sœur, au fond, quel est-il ?

NOTE DE L'AUTEUR

Pour tout ce qui a trait à la guerre de Crimée et à Florence Nightingale, je me suis efforcée de respecter la réalité historique. Je dois cependant reconnaître qu'il n'est nulle part affirmé que miss Nightingale se soit livrée à des correspondances secrètes. Son emploi d'un code pour l'envoi de messages est entièrement de mon invention. Il est exact qu'après la guerre la célèbre infirmière garda la chambre, quasiment tout le reste de sa vie. La question de savoir pourquoi est vivement débattue entre spécialistes. Nul ne pouvant avancer une raison indiscutable, j'ai pris la liberté de donner à ce fait ma propre interprétation. Il est exact aussi qu'elle habitait Mayfair, à Londres, avec une vue sur Hyde Park. Cependant, ma description de sa demeure est fantaisie pure, car celle-ci n'existe plus. Il est également exact que, même invalide, Florence Nightingale continua d'exercer une influence réelle sur la politique et sur les réformes qui lui tenaient à cœur. Lord Whimbrel et ses fils, en revanche, relèvent purement de mon imagination.

NANCY SPRINGER

LORSQUE NANCY SPRINGER était enfant, sa mère avait les œuvres complètes de sir Arthur Conan Doyle. Elle se souvient des innombrables lectures et relectures de ces dix volumes reliés d'un tissu brun, qui ne se terminèrent que lorsqu'il ne resta plus d'histoires de Sherlock Holmes qu'elle n'ait mémorisées.

Nancy Springer développa ainsi le désir de créer un personnage féminin fort, qui aurait les mêmes capacités à résoudre des énigmes passionnantes que le plus célèbre des détectives. C'est ainsi que naquit Enola Holmes, la sœur cadette de son héros favori.

Spécialiste du détournement de personnages, Nancy Springer est aussi l'auteur de romans racontant les exploits de Rowan Hood, qui n'est autre que… la fille de Robin des Bois ! Elle a également écrit deux romans inspirés de l'épopée du roi Arthur, sur le personnage de Morgan. Elle a obtenu deux fois le prix Edgar dans la catégorie Meilleur Roman policier pour jeune adulte. *L'Énigme du message perdu* vient d'ailleurs d'être sélectionné dans la catégorie Roman jeunesse du prix Edgar 2009 !

Nancy Springer habite à East Berlin, en Pennsylvanie.

Cet ouvrage a été imprimé en France par

CPi
BUSSIÈRE

à Saint-Amand-Montrond (Cher)
en mars 2010

N° d'édition : 10160405. – N° d'impression : 100855/1
Dépôt légal : avril 2010.